现代企业财务风险控制与管理实务研究

刘连义　钟　镭　柯学其◎著

中国纺织出版社有限公司

内 容 提 要

本书从财务风险的基本认知、传导机理及管理手法、财务管理模式与创新等方面梳理现代企业财务发展，通过比较分析，明确企业财务风险控制的基本概念与机理，归纳企业财务管理体系，起到了提纲挈领的作用。本书的写作结合企业实际，参阅了大量资料和文献，采用理论与资料链接相结合的方式进行了系统阐述，是一部实用性很强的参考资料。

图书在版编目（CIP）数据

现代企业财务风险控制与管理实务研究/刘连义，钟镭，柯学其著.--北京:中国纺织出版社有限公司，2022.11

ISBN 978-7-5180-9997-9

Ⅰ.①现… Ⅱ.①刘… ②钟… ③柯… Ⅲ.①企业管理—财务管理—风险管理—研究 Ⅳ.①F275

中国版本图书馆 CIP 数据核字(2022)第 204312 号

责任编辑：段子君　　责任校对：高　涵　　责任印制：储志伟

中国纺织出版社有限公司出版发行

地址：北京市朝阳区百子湾东里 A407 号楼　邮政编码：100124

销售电话：010—67004422　传真：010—87155801

http://www.c-textilep.com

中国纺织出版社天猫旗舰店

官方微博 http://weibo.com/2119887771

三河市延风印装有限公司印刷　各地新华书店经销

2022 年 11 月第 1 版第 1 次印刷

开本：787×1092　1/16　印张：10.25

字数：196 千字　定价：99.00 元

前　言

在市场环境日益复杂、市场份额竞争日益激烈的情况下，企业要实现稳定向上的经营发展目标，就必须保证财务不出大问题。企业一切经营活动都少不了财务的参与，而各种各样的财务风险也无时无刻不隐藏在经营过程中，企业的财务风险控制水平对企业的稳定经营发展尤为重要。财务风险管理作为企业财务管理过程中的一个重要环节，在企业财务管理长期发展中起着不可或缺的作用，因此，加强企业财务风险管理，有效控制企业生产经营活动中的财务风险，不仅是企业保障财务安全、降低企业发展风险的重要行为，也是企业稳定自身经营、走可持续发展道路的关键措施。

本书以“现代企业财务风险控制与管理实务研究”为题，全书共设置六章：第一章主要内容包括现代企业财务风险的产生与发展规律、现代企业财务风险的概念范畴、现代企业财务风险的种类与特征；第二章解读现代企业财务风险传导的理论基础、现代企业财务风险传导模型构建、现代企业财务风险传导的评价与管控；第三章研究现代企业财务风险管控的原则与方法、现代企业财务管理的框架设计、现代企业财务风险的内部控制建设；第四章分析现代企业财务管理的目标与环境、现代企业财务管理的价值观念解读、现代企业财务管理的一般程序及模式分析；第五章讨论现代企业筹资与投资管理、现代企业的资产管理、现代企业资本与资金管理、现代企业的利润分配管理；第六章探究基于技术创新的财务管理目标、基于技术创新的绩效评价与激励、现代企业财务管理的信息化策略、现代企业财务管理制度的影响与创新。

本书从财务风险的基本认知、传导机理及管理手法、财务管理模式与创新等方面梳理现代企业财务发展，通过比较分析，明确企业财务风险控制的基本概念与机理，归纳企业财务管理体系，起到了提纲挈领的作用。本书的写作结合企业实际，参阅了大量资料和文献，采用理论与资料链接相结合的方式进行了系统阐述，是一部实用性很强的参考资料。

本书的撰写得到了许多专家学者的帮助和指导，在此表示诚挚的谢意。由于作者水平有限，加之时间仓促，书中所涉及的内容难免有疏漏与不够严谨之处，希望各位读者多提宝贵意见，以待进一步修改，使之更加完善。

著者

2022 年 6 月

目 录

第一章

现代企业财务风险的基本认识

第一节　现代企业财务风险的产生与发展规律

一、小细节产生大风险

（一）小细节产生大风险观点的提出

任何企业风险的发生都有一个“临界点”，就是这样的细节决定了事情的成败。这样的细节具有较大的偶然性和随机性，有较强的时间性和空间性，或者说有较严格的条件性。

企业发生风险可以看成是企业的质变，细节可以看成是企业的量变，企业发生风险是由于企业不断量变累积的结果。万事万物都有其因果。任何看来是偶然的、随机的细节，其背后都有深层次的必然的原因。所以，引起企业产生大风险的小细节，其发展演化也是有规律的。

（二）小细节产生大风险观点的内容

任何大的风险，都是小失误的累积，都是由小失误诱发的。人们普遍有一种误解，企业的风险一定是由较大的事件引起的，实际上并非如此。

第一，原材料采购环节。

第二，生产过程质量控制环节。质量不合格是最大的浪费。产品质量出现问题，轻则会遭受客户的退货，重则会对企业的品牌产生重大影响。如果产品质量合格率长期得不到提高，就会拖垮一个企业。很多不合格的产品，要么是原材料环节出现了问题，要么是生产过程中出现了问题。

第三，安全控制环节。对于化工行业和压力容器行业来说，安全隐患往往是致命的。

第四，品牌管理环节。对于部分终端消费品企业而言，任何客户投诉、产品质量或服务纠纷、对企业的负面报道等对品牌的影响都是致命的。

第五，绩效考核环节和人才选拔环节。鉴于人在企业各要素中的独特作用，人才的流动、合作伙伴的分离及职业经理人的流动等风险都是由绩效考核和人才选拔失当造成的，是企业必须关注的细节。

第六，资金链条维护环节。资金链条的维护是财务管理的重要环节之一。在现实情况下，资金链条的断裂是绝大多数企业很难过的一道坎。

第七，成本控制环节。成本不能控制同企业回款环节失控一样，都是导致企业逐步衰败的关键环节。小额和暂时的账款不能收回是不会让企业产生风险的，但是如果长期连续和大额账款不能收回，则是致命的；同样，短期的成本较高企业是可以承受的，但是长期的高成本运行则会导致企业衰败。

第八，库存管理环节。合理的库存是必要的，但是对有的企业来说，如果产成品库存过多，则会占压企业大量的资金；在库存产品或者原材料价格突然暴跌的情况下，大量的库存也是致命的。

第九，技术引进环节。很多人有过这样的亲身经历，一个在技术上不过关的项目，最终可以拖垮整个企业。例如，某造纸企业引进了一种新型造纸技术，但是由于该技术不成熟，虽然概念很好，但是在投入了大量的配套设施（土地、设备、厂房、人员、电厂）之后，该企业破产了。

第十，新项目投资决策环节。这也是很多企业败走麦城的环节。投资中有很多陷阱，这些陷阱实际上就是项目投资决策的关键细节。

第十一，融资决策环节。从长远来看，融资成功也许是一件坏事情，这是因为如果这种方式融来的资金用错了地方或者到期无法收回，则会给企业带来致命的风险。

第十二，担保决策环节。担保的危害虽然巨大，但是担保决策很可能是企业老板的一念之差或者企业内部缺少对担保行为的内控机制造成的。

第十三，并购决策环节。并购是企业资本运营的常见工具之一，对并购对象的选择、并购协议的设计、并购对价的支付方式以及并购后的管理控制都是影响并购达到预期目的的关键环节。

（三）小细节产生大风险观点对企业风险管理的价值

该观点提醒企业要注意关键细节的管控，以免因小失大；提出了风险管理的重点，要善于发现影响企业可持续发展的细节；小细节产生大风险观点对于企业内控体系的建立以及预警体系的建立是至关重要的。

二、小规模企业容易产生风险

（一）小规模企业风险产生规律的内涵

小规模企业更容易产生风险，即规模较小的企业更容易受到各种风险的威胁。当遇到各种风险时，小企业的风险防范和风险管理能力较差，也就更容易产生风险。规模较小企业的风险和规模较大企业的风险表现形式不同。

由于小规模企业的特殊性，小规模企业通常产生非致命风险，主要体现为五种形式：①企业信誉受损；②公司品牌受到损害，销售量严重下降；③企业产生重大亏损；④信任风险，人员大量流动；⑤企业生产陷入停顿。

（二）小规模企业容易产生风险的原因

第一，缺少完善的法人治理结构。在中小企业融资、投资、资本运营和OPA管理模式研究过程中，我们反复谈到了法人治理结构的重要性，并把它作为防范单项风险的根本方式之一。

第二，企业老板缺少防范风险和应对风险的经验。企业老板在中小企业中的位置是举足轻重的，就像一列火车的火车头。中小企业老板缺少风险管理经验，会给企业带来巨大风险。

第三，缺少风险管理团队。在企业各个子系统层面都可能存在产生风险的细节。如何控制这些环节不出现风险，或者在出现风险以后能够及时化解，则需要团队的力量，需要一支训练有素、执行力强、忠诚度高的团队。

第四，缺少管理体系，尤其是缺少内控体系和决策支持体系。结构是体系的重要组成部分。在风险管理中，体系的作用是极其重要的，包括但不限于：相互分工又相互协作的组织结构体系；清晰、明确的岗位职责体系；清晰的工作流程和工作标准体系；科学的评价体系和绩效考核体系；部门和岗位之间的交叉控制体系；完善的法人治理结构。

第五，缺少积累，经济实力较差。绝大多数中小企业喜欢以小博大，不断地扩张，而且往往在实力不济的情况下去做超出自己能力范围的事情。所以，当风险发生时，中小企业往往缺少应对风险的物质基础，其中主要是资金基础。

第六，缺少信息渠道，不能及时反应，更难做到提前反应。对于政策变动或国家环境变化方面的风险，中小企业往往缺少必要的信息渠道，也缺少对应的信息收集部门。

第七，缺少人际关系渠道和风险管理的人脉基础。在风险化解和风险处理过程中，企业往往依赖一些人际关系。而这些人际关系背后，通常对应着一定的资源渠道，如资金、资源、信息、团队和服务机构等，中小企业则缺少相应的人际关系渠道和人脉基础。

第八，缺少服务机构的支持基础。服务机构包括会计师事务所、律师事务所、管理咨询机构、信息化服务机构、公关机构等。

三、大规模企业容易产生致命风险

（一）大规模企业更容易产生致命风险的含义

大规模企业虽然在一定程度上具有抗风险的能力，但由于规模较大、不恰当的多元化等原因，加之管理不善、控制不当，更容易产生致命风险。

大规模企业的风险通常体现为三种形式：①资产、账户和办公场所被查封；②企业有关责任人入狱或自杀；③企业破产，资不抵债，资产归零。

（二）大规模企业更容易产生致命风险的原因

第一，规模大的企业，贷款规模也大，每月到期还款额及利息增多，容易受到银行抽回贷款、到期资金断链的冲击。

第二，规模大的企业，需要的流动资金多，容易面临资金断链的风险。

第三，规模大的企业，市场销售范围大，容易产生产品质量纠纷，品牌也容易受到冲击。

第四，规模大的企业，由于管理层次较多，信息传递不顺畅，容易产生决策失误。

第五，规模大的企业，和上下游企业、各类服务型企业联系多，容易产生债务纠纷。

第六，规模大的企业，产品的产量和采购量都较大，容易出现质量管理的空当。

第七，规模大的企业，分工细，部门之间的交叉控制多，工作流程比较复杂，信息传递时间长，容易出现责任不清、贻误战机的情况。

第八，规模大的企业，涉及的产业多，容易产生资源分配失衡和管理不到位的情况。

第九，规模大的企业，承担的社会责任大，因此违约成本较高。

第十，规模大的企业，信息外漏的可能性大，容易导致商业秘密流失。

第十一，规模大的企业，容易被有关部门和媒体等关注，俗话说，好事不出门，坏事传千里，一有风吹草动，就容易被夸大或放大。

（三）提出大规模企业更容易产生致命风险的意义

第一，打破人们的传统思维，提醒企业规模化和多元化并不能减少风险，而是增大风险，增加给企业带来风险的可能性。

第二，弄清楚规模较大企业风险产生的机制和原理，从而为规模较大企业的风险防范和风险管理奠定基础。

第三，提出大规模企业和小规模企业风险表现的区别，便于不同规模企业采用不同的风险管理方式和策略。

四、风险发展的四个阶段

（一）风险发展四个阶段的内容

风险发展分为风险酝酿期、风险发展期、风险扩大期、风险爆发期四个阶段。风险发展不是线性的或匀速的，而是刚开始发展较慢，然后稳定扩大，到后期发展速度加快，直到风险全面爆发。

第一，风险酝酿期。在此阶段，风险并不表现为风险，没有风险的任何预兆，还可能表现为机会。可能是投资机会、融资机会，也可能是市场机会，还可能是订单。企业决策层为了抓住这次机会而果断为之。然而，仓促的决策错误往往在此过程中产生，此为风险的酝酿期。

第二，风险发展期。在此阶段，随着内外部条件的变化，风险信号开始产生，企业会遇到一些预料之外的情况。企业在此过程中，采取一些措施对风险进行弥补，尽可能延缓风险的恶化，控制损失的扩大，但是也可能出现应对不及时和采取措施失当的情况，风险造成的损失太大。

第三，风险扩大期。在此阶段，由于受企业掌控资源和风险管控能力的限制，领导层在风险控制过程中力不从心或者采取了错误的行动，导致风险进一步扩大，但此时仍处于可控状态。

第四，风险爆发期。在此阶段，由于损失的扩大、外部力量的介入，超出企业的风险承受能力，风险爆发。此时企业只能尽快控制风险蔓延，及时止损，甚至舍车保帅。在此过程中，企业除了承担风险的后果、面对现实外，可以选择的出路很少。

（二）风险发展四个阶段的理论意义

第一，传统的分析方法没有正确揭示风险与风险之间的内在联系，而是把风险和风险视为两种现象或者两个过程，因此也就不可能从理论上采取正确的策略。

第二，四个阶段发展理论比较客观地描述了风险发展的周期和过程，有助于企业了解企业风险发展的特点。

第三，协助企业根据不同阶段提出不同的风险管理策略，这是风险管理的关键点。

第四，有的放矢，降低风险管理成本，减小风险造成的损失，甚至可以化险为夷。

第二节 现代企业财务风险的概念范畴

一、风险的基本概念

风险是指不利事件发生的可能性，如新产品推出后亏损的可能性；是指所发生的不利事件本身，如火灾、洪水、车祸等；或引起不利事件发生的条件，是指不利事件发生的条件，即发生事故的前提、环境、诱因等。

迄今为止，关于风险的定义，学术界尚无统一的认识，主要有以下观点：

（一）风险是损失的不确定性

在一定条件下损失的不确定性，在一定条件下财务损失的不确定性。事实上，自然灾害和意外事故所造成的损失，其本身是确定的；而所谓不确定性，则是指人们由于个人的经验、精神和心理状态等不同，对事故所造成的损失在认识上或估计上的差别。这种不确定性包括事故发生与否不确定，发生的时间不确定，发生的状况不确定以及发生的结果不确定。

（二）风险是可度量的不确定性

风险是指可度量的不确定性，而不确定性是指不可度量的风险。风险的特征是概率估计的可靠性，概率估计的可靠性来自所遵循的理论规律或稳定的经验规律。与可计算或可预见的风险不同，不确定性是指人们对事件缺乏基本知识，对事件可能的结果知之甚少，因此，不能通过现有理论或经验进行预见和定量分析。

关于风险的概念有四种观点：①风险是损失和损害的可能性，这种可能性包括发生损失的可能性和不发生损失的可能性两种结果，具有不确定性，且这种可能性可以用概率加以描述；②风险是主观的不确定性；③风险是客观的不确定性；④风险是可度量的不确定性。由此可见，“不确定性”是风险研究的出发点。

1.“不确定性”的内涵

不确定性是指不一定发生的事件或不确定的状态，有客观不确定性和主观不确定性之分。

客观不确定性是指事物的未来按自身的运动规律发展而出现各种结果的可能性。主观不确定性是指人们对事件的未来变化结果进行预计，对事物发展的客观不确定性程度和结果做出种种推测。客观不确定性是客观存在的未来可能性，主观不确定性是主观预计的未来可能性；客观不确定性是指事件结果本身的不确定，主观不确定性是指对事件认识的不确定。

2. 不确定性是风险产生的必要条件

正因为事物的发展有多种结果的可能，性质完全相同的事件在时间、地点、环境等客观条件不同时所呈现出的结果也不相同。不同的结果对人们造成的影响也不相同，由此产生风险问题。所以，不具备客观不确定性的未来事件没有风险。

如果未来事件本身具有客观不确定性，但人们并没有对事件的未来进行预计，没有预计结果，则不会存在主观认识上的不确定性，更不会存在实际结果与预计结果的偏差，也就不会产生风险问题。因此，不具备主观不确定性的未来事件也没有风险。

反之，如果未来事件本身具有主、客观的不确定性，是否会产生风险，对于具备不确定性的未来事件，如果其所有结果都是人们能够预计到的并且是可以接受的，也不会产生风险问题。所以，不确定性只是风险产生的必要条件，而不是充分条件。

3. 风险定义的内涵

风险是指在特定情况下和特定时间内，未来事件的预期结果与实际结果的差异。这一定义包括以下内涵：

第一，未来事件的结果会随着时间、环境等客观条件的变化而变化，即具有客观的不确定性。

第二，人类的预测能力是有限的，因此，对于未来事件的预计结果也存在各种差异，即主观上的不确定性。

第三，风险包括风险收益和风险损失两个方面。由于人们认知能力有限，具有不确定性未来事件的实际结果并不是人们都能预计到的，或者即使都能预计到，有些结果也是人们不愿意接受的。未来事件的预期结果和实际结果的差异表现为两个方面：一是预期结果与实际结果的正向偏差，如果这种差异是人们愿意接受的，就表现为风险收益；二是预期结果与实际结果的反向偏差，表现为风险损失。

（三）风险是损失或损害的可能性

“风险”一词在经济学和其他学术领域中，并无任何技术上的内容，它意味着损害的可能性。某种行为能否产生有害后果应以其不确定性界定，如果某种行为具有不确定性，其行为就反映了风险的承担。

（四）风险是实际结果和预期结果的离差

风险是一种客观存在，无论人们是否已经觉察到，它总是以客观的概率来测定的。也就是说，客观事物按其自身的运动规律不断地发展变化，不管人们是否注意它们或观察它们，它们都有可能出现各种不同的结果，因而才有风险。这是不以人的主观意识而存在的客观环境或客观条件变化的产物。这种观点被归为客观说。

在给定情况下和特定时间内，那些可能发生的结果间的差异，如果肯定只有一个结果发生，则差异为零，风险为零；如果有多种可能结果，则有风险，且差异越大，风险越大。这种观点强调，风险是客观存在的事物，因而可以用客观的尺度来衡量，这就使得数学尤其是概率统计等科学方法在风险理论中有了用武之地。

二、企业财务风险的概念

（一）筹资视角下的企业财务风险

财务风险是企业在筹集资金过程中，由于未来收益的不确定性而导致的风险。企业借入资金必须按期还本付息，在未来偿还债务能力不确定的情况下，就会增加企业的压力和负担，使企业面临着资不抵债的潜在风险，这就形成了企业的财务风险。企业财务风险是财务杠杆作用的结果，可以通过财务杠杆系数来衡量。“在信息化时代背景下，我国市场经济越来越成熟，市场的变化越来越快速，市场上的企业只有不断地调整竞争战略和竞争格局，充分利用企业现有的资源和能力，在与外部环境充分结合之后才能使战略的制定和决策的执行更加合理。但是需要认识的是当前在多种因素的影响下，现代企业管理失控和负债资金使用效益不确定性增强的情况不断出现，由此也就引发了一定的财务风险。”（马艳兰，2022）

财务风险是由于企业使用了负债而给普通股股东增加的风险。财务风险产生的基本原因是企业在生产经营过程中使用负债，使用负债越多，财务风险越大；不使用负债，则没有财务风险。

财务风险的大小与企业筹资数额的多少和投资收益率的高低密切相关。当企业投资收益率高于借款利息率时，借入资金的比例越大，企业收益率就越高；当投资收益率低于借款利息率时，借入资金的比例越高，企业收益率就越低。所以，财务风险的实质是企业负债经营所产生的风险。如果一个企业没有借入资金，这个企业就不会发生财务风险。

（二）不确定性视角下的企业财务风险

风险是未来结果的变化性，或者关于不愿发生的事件发生的不确定性的客观体现。因此，财务风险是指企业在进行财务活动过程中获得预期财务成果的不确定性。财务风险对于每一个企业来说都是客观存在的，且对于企业的盈亏与否、经营状况如何具有举足轻重的作用，要完全消除风险及其影响是不现实的。

依据风险的不确定性，财务风险可划分为：筹资风险，即因借入资金而增加丧失偿债能力的可能；投资风险，即由于不确定因素致使投资收益率无法实现预期之目标而发生的风险；资金回收风险，即产品销售出去，其货币资金收回的时间和金额的不确定性；收益分配风险，即由于收益分配可能给企业今后生产经营活动产生不利影响而带来的风险。

财务是指人类生产经营过程中的资金运动及其体现的财务关系。它包括两方面内容：

一是人类生产经营活动中体现的资金运动这一财务现象，二是人类生产经营活动过程中体现的生产关系这一财务本质。从财务现象观察，它表现为资金筹集、资金投放、资金回收和资金分配；从财务本质观察，在这些资金运动过程中，无一不体现着各种关系。那么，财务风险应是企业在进行财务活动过程中，由于不确定性因素而给企业带来的风险。

（三）资本结构视角下的企业财务风险

资本结构是指企业各种资本的构成比例及其比例关系。通常企业资金来源有两种：一种为自有资金，另一种为债务资金，由此形成了企业的资本结构。资本结构问题的关键就是债务资本在资本结构中占多大比例。财务风险一般是指因企业资本结构失衡进而影响企业偿付利息和股息、到期支付能力趋弱的风险，即在资本结构中债务相对股东权益比重越大，企业支付能力越弱，财务风险就越大。

从本质上讲，企业财务风险概念与筹资视角下的概念是相同的，都认为企业财务风险来源于负债，负债额的大小决定企业财务风险的高低。但是，从资本结构角度界定企业财务风险，更强调自有资金和借入资金的比例搭配问题，这有利于企业从自身的实际情况出发，确定合理的资本结构或进行资本结构优化，以降低企业财务风险。对财务风险进行界定应基于对“财务”“企业财务”及其本质的理解。

1. 财务的产生

财务是随着商品生产与交换活动的出现而产生的。在原始社会，货币随着商品生产与交换活动的出现而产生，且充当了商品交换的购买手段和支付手段，就衍生出货币的保管与货币结算活动，及其在这些活动中产生了货币所有、使用与结算的关系，这就是财务的雏形。随后，手工业从农牧业中分离，手工业者要维持其生产活动，必须向农牧业者出售自己的产品，换得货币，并将部分货币积蓄起来，留待以后重新购买原材料，继续生产。这时，财务初步产生。进入原始社会末期，商人开始出现。商人以货币从商品生产者手中购买商品，然后出售给消费者，收回原垫支的货币，而且收回的货币比原垫支的货币数量更大，即要赚钱。商人货币（本金）的投入与回收活动包括本金的筹集、投放、耗费、收入、分配（补偿、纳税、积累、消费）等经济内容，且本金投入与收入的目的不仅仅是满足个人与家庭的生活需要，更要追求本金的增值。

2. 财务的本质

货币关系论认为财务是再生产过程中形成、分配和运用货币资金的客观存在的货币关系体系的总和；资金运动论认为企业财务是企业再生产过程中资金运动及其所体现的经济关系；价值分配论认为企业财务是以企业为主体的对其再生产过程进行价值分配的一种活动及其所形成的经济关系。另外，还有货币收支活动论、分配关系论、价值运动论、本金投入与收益论等观点。这些观点都在不同程度上反映了财务的某些特性。

财务是指社会再生产过程中的资金运动及其体现的经济关系。社会再生产过程中的资金运动即财务活动，是指社会再生产过程中资金的筹集、投入、耗费、回收与分配活动。资金运动所体现的经济关系即财务关系，是指与资金的筹集、投入、耗费、收入与分配活动相关的各利益相关者之间的权利与责任关系。

3. 企业财务与企业财务风险

社会生产力的加速发展、社会分工程度的提高和分工结构的优化，决定了财务主体具有多样性。财务主体是财务活动的载体，包括个人、家庭、企业和政府部门等。根据财务主体不同，财务可以划分为个人或家庭财务（例如，现在常说的个人理财或家庭理财，管理的就是个人或家庭财务）、企业财务、政府部门财务（财政）等。

企业财务泛指企业的财务活动和财务关系，具体是指企业在社会再生产过程中资金的筹集、投入、耗费、收回与分配活动及其所体现的经济关系。由于各种不确定性因素的存在，企业在社会再生产过程中资金运动的每一个环节都可能存在财务风险。

在资金筹集环节，存在到期无法还本与支付利息、股利等资本成本的风险；在资金投入环节，存在无法取得期望投资收益率的风险；在资金耗费环节，存在占用在流动资产和固定资产上的资金耗费量超过社会平均消耗量的风险；在资金回收环节，存在产品销售出去后货币资金无法收回和不能及时收回的风险；在资金分配环节，存在资金流入、流出不均衡，分配结构不合理等风险。总之，财务风险贯穿于企业财务活动的全过程。财务风险形成的原因是复杂多变的，但财务风险的存在必然会给企业的财务状况和经营成果带来不确定性。

企业财务风险是指企业在社会再生产过程中，由于各种不确定性因素的作用，企业财务活动的预期结果与实际结果产生差异。需要指出的是，任何一个概念都不是绝对的，都将随着实践的发展而不断演化。我国企业改革的丰富实践拓展了企业财务活动的内容。新的财务活动的出现和发展必然会产生许多新问题，企业也必然会因许多新的不确定性因素的作用而产生新的财务风险。因此，在当今财务活动范围趋于广泛的情况下，对财务风险的认识还将随着企业改革的不断实践进一步明晰化和科学化。

三、其他财务风险的相关概念

（一）企业经营风险与财务风险

企业风险分为经营风险与财务风险。经营风险是指企业在不使用债务的情况下，其资产运行中所存在的风险。经营风险的大小，直接取决于企业生产活动的特征，以及由生产活动所决定的成本结构情况。财务风险是由于企业使用了负债而给普通股东所增加的风险。

依据风险的来源，风险可划分为经营风险和财务风险。经营风险是指经营行为（生产经营和投资活动）给公司收益带来的不确定性。这种风险是公司在商业活动中固有的风险，主要来自客观经济环境的不确定性，如经济形势和经营环境的变化、市场供求和价格的变化、税收政策和金融政策的调整等外部因素，以及公司自身技术装备、产品结构、成本水平、研发能力等因素的变化等。通常采用息税前收益的变动程度（标准差、经营杠杆等变量）描述经营风险的大小。

财务风险一般是指举债经营给公司收益带来的不确定性。这种风险主要来源于利率、汇率变化的不确定性以及公司负债比重的大小。如果公司经营收入到期不足以偿付利息和本金，就会使公司陷入财务危机，甚至导致公司破产。通常用净资产收益率或每股收益的变动来描述财务风险的大小。“企业进行多元化经营战略，需要投入大量的财力、人力，会减缓对主营业务创新升级的步伐，同时会导致企业现金流趋紧，财务风险上升。”（杨军、赵继新、李宇航，2020）

企业风险是由经营风险和财务风险构成的，财务风险源于企业负债，经营风险源于企业的经营行为或资产运行。

按资本运动环节的存在形态进行分析，财务风险可划分为筹资风险、投资风险、经营风险和收益分配风险。其中，筹资风险是到期无法偿还本金和偿付资本成本的可能性；投资风险是无法取得期望投资报酬的可能性；经营风险是无法卖出产品并收回垫支本金的可能性；收益分配风险是因收益取得和分配对资本价值产生影响的可能性。

企业作为一个经济主体，它的经济活动可以分为经营活动、投资活动和筹资活动。经营活动是指企业投资活动和筹资活动以外的所有交易和事项，一般包括企业销售商品、提供劳务、经营性租赁、购买商品、接受劳务、广告宣传、推销产品、缴纳税款等。投资活动是指企业长期资产的购建和不包括在现金等价物范围内的投资及其处置活动。筹资活动是指导致企业资本及债务规模和构成发生变化的活动。投资活动和筹资活动都属于财务活动，所以，企业的经济活动是由经营活动和财务活动组成的。由于市场环境等各种因素的作用而使上述经营活动的预期结果和实际结果产生的差异，即为经营风险。

经营风险与财务风险紧密相关。所有经营风险最终都会反映在企业的经营成果和财务状况上，从而影响财务风险。比如，企业的商品由于自然灾害或适销不对路等原因无法销售出去，会引发经营风险；同时，由于商品销售不出去而造成的存货积压、资金无法回收等又会引发财务风险。同样，一个投资或筹资决策的失误，在引发财务风险的同时，也必然会影响企业的经营活动，从而引发或加剧经营风险。由此可见，企业的财务风险与经营风险关系密切，两者是相伴而生的，很难进行严格的区分。

（二）企业财务风险与财务危机

财务危机是企业履行义务时受阻，具体表现为流动性不足、权益不足、债务拖欠及流动资金不足四种形式。我们将财务危机定义为除非对经济实体的经营或结构实行大规模重组，否则无法解决的严重变现问题。具体而言，可以从四个方面来理解：①技术破产，即企业无法按期履行债务合约还本付息；②会计失败，即企业的账面净资产出现负数，资不抵债；③企业失败，即企业清算后仍无法支付到期债务；④法定破产，即企业或债权人由于债务人无法到期履行债务合约，并呈持续状态时，向法院申请企业破产。企业无力支付到期债务或费用的一种经济现象，包括从资金管理技术性失败到破产以及处于两者之间的各种情况。由于资金管理技术性失败而引发的支付能力不足，通常是暂时的和比较次要的困难，一般可以采取一定的措施加以补救，如通过协商，求得债权人让步，延长偿债期限，或通过资产抵押等借新债还旧债。通过实证研究，弱化的公司治理是上市公司陷入财务危机的重要因素，财务危机是公司治理弱化的财务表现，治理弱化与财务危机存在辩证关系。

财务危机均是由于企业不能适应外部环境变化或企业内部管理不善而导致企业生产经营活动陷入的严重困境，在财务上主要表现为资不抵债、亏损甚至破产倒闭等。从结果上看，企业财务危机的出现基本上是由企业财务风险管理不当所导致的，然而企业财务风险与财务危机并非一对同质的概念。

第一，企业财务风险是客观存在的，只要企业存在财务活动，就存在财务风险。而企业财务危机的发生通常分为四个阶段，即财务危机潜伏期、发作期、恶化期和实现期。在财务危机发生的每一个时期，只要企业加强危机的预警和管理，财务危机是可以防止和消除的。

第二，从财务风险和财务危机的后果来看，财务危机给企业带来的必然是损失，严重时会使企业被迫进行破产清算。财务风险给企业带来的可能是预期的收益，也可能是损失。对于财务危机，企业只能防止其发生或尽量减少其发生造成的损失；而对于财务风险，只要企业对资金运动加强管理，企业在一定风险条件下可获得超出预期的收益。

总之，企业财务风险的加剧，会使企业的财务状况逐步恶化，最终导致企业财务危机的出现。但财务风险并非必然导致企业财务危机的发生，只要企业管理者具有良好的风险意识，并有充分的抵抗风险的能力和手段，企业完全可以转危为安。反之，如果对财务风险控制不当，企业就会面临财务危机。因此，加强财务风险的识别、度量和控制，企业可以防止财务危机的发生或减少财务危机造成的损失。

第三节　现代企业财务风险的种类与特征

一、企业财务风险的种类

企业在社会再生产过程中的资金运动包括资金的筹集、投入、耗费、收回和分配等具体活动，其中资金的投入、耗费及回收活动都属于资金的具体运用，是投资活动范畴。资金的分配活动主要是将企业收益在投资者和企业内部的再投资之间进行分配，而留在企业内部进行再投资的资金，又形成了企业的资金来源。所以，从这个角度来说，资金的分配活动可以归为筹资活动。由此，依据资金运动的具体环节，企业财务风险可划分为资金的筹集风险（即筹资风险）和资金的投入、耗费及回收风险（即投资风险）两大类。“财务风险，实质是一种微观经济风险，是企业理财活动风险的集中体现，同时也是现代企业所面临的一个重要问题。”（刘春萍，2008）

（一）筹资风险

筹资风险是指企业在筹资活动中由于资金供需市场、宏观经济环境的变化或筹资来源结构、币种结构、期限结构等因素而给企业带来的预期结果与实际结果的差异。

企业筹集的全部资金按其来源可以分为自有资金（权益资金）和借入资金（债务资金），因此，企业的筹资风险可分为债务筹资风险和股权筹资风险。债务筹资风险是指到期不能偿还债务的风险。影响企业债务筹资风险的因素有负债规模、利率、期限结构、债务结构、币种结构、企业的投资决策以及企业所处的外部环境的变化因素等。股权筹资风险是指发行股票筹资时，由于发行数量、发行时机、筹资成本等原因给企业造成的损失的风险。

投资者把资金投向企业，总是希望能得到较高的投资回报。当投资者投入的资金不能产生足够的效益以达到其期望的投资收益率时，投资者就会抛售股票，引起股票价格下跌，使企业再筹资的难度加大，筹资成本也会上升。影响企业股权筹资风险的因素包括股权筹资的规模、企业的资本结构、企业的经营状况、资本市场环境等。此外，企业筹集的自有资金和借入资金的结构不合理，也会影响企业的资金成本和资金使用效益，进而影响借入资金的偿还和自有资金期望收益率的实现。

（二）投资风险

投资风险是指企业在投资活动中，由于不确定性因素的影响使企业的预期财务成果与实际财务成果产生的差异。企业的投资活动具体分为两种：一是对内投资活动，二是对外投资活动。投资对象不同，投资风险往往也不同。

1. 企业的对内投资活动

企业对内投资具体是指对固定资产、流动资产、无形资产等的投资。其中，在投资过程中，由于投资决策不科学，投资所形成的资产结构不合理，往往导致投资项目不能达到预期收益而产生财务风险。以流动资产投资为例。流动资产投资风险主要包括存货风险和应收账款风险。存货风险主要是指存货不能迅速变现的风险，具体表现为存货的周转率偏低，可能的原因之一是存货过多，造成资金积压。然而存货周转率也不是越高越好，存货周转率过高，可能是由于存货过少造成的，存货过少则无法满足生产的需要或者客户的需求，从而给企业带来损失。

应收账款风险主要是指其收回时间及金额不确定所导致的风险，其影响因素主要有客户偿债能力和信用状况、企业的信用政策和结算方式。反映应收账款回收时间风险的变量是应收账款周转率和应收账款周转天数，反映应收账款回收金额风险的变量是坏账损失率。

2. 企业的对外投资活动

企业的对外投资具体是指企业以资金或实物投资于其他经济组织，或购买有价证券等金融资产。由于市场环境的变化、被投资方生产经营具有不确定性等因素的影响，导致企业对外投资的实际收益与预期收益的差异，从而产生投资风险。

有价证券投资风险可分为系统风险和非系统风险两大类。系统风险又称市场风险、不可分散风险，是指由于政治、经济及社会环境等公司外部某些因素的不确定性而产生的风险，比如通货膨胀、利率和汇率的波动、国家宏观经济政策变化、战争冲突、政权更迭、所有制改造等。系统风险是由综合因素导致的，这些因素是个别公司或投资者无法通过多样化投资予以分散的。非系统风险又称公司特有风险、可分散风险，是指某些因素给个别证券带来经济损失的可能性，如经营失误、新产品试制失败、劳资纠纷、新的竞争对手的出现等。非系统风险只发生在个别公司，是由单个特殊因素所引起的。由于因素的发生是随机的，企业可以通过多样化投资来分散风险。

二、企业财务风险的特征

（一）客观性

企业财务风险是一种客观存在，它是不以人的主观意识而存在的客观环境或客观条件变化的产物。财务风险的这一特性，有助于人们主动揭示引起财务风险产生的客观原因，从而对财务风险进行识别。

（二）双重性

企业财务风险的双重性是指财务风险既有损失的一面，又有收益的一面。财务风险的这一特性有助于企业全面把握财务风险，既要看到财务风险的危害性，提高风险的控制能力，避免风险损失；同时也要加强对财务风险规律的探索和研究，准确把握时机，进行科学决策，谋取风险报酬。

（三）全面性

企业财务风险贯穿于企业财务活动的全过程，并体现在多种财务关系上。认识到企业财务风险的这一特性，有助于企业从全局出发，既要探寻各种财务活动中企业财务风险形成的原因、表征及度量和控制方法，又要对企业财务风险整体进行全面管理，同时正确地权衡企业的各种财务关系。

（四）不确定性

不确定性是企业财务风险产生的必要条件，没有不确定性，也就没有风险。企业对于不确定性的控制有助于控制财务风险。

（五）可度量性

企业财务风险是一种客观存在，因而可以用数学尤其是概率统计等科学方法来度量。如果企业财务风险不能够度量，对财务风险的控制也就无从谈起。

第二章

现代企业财务风险的传导机理解读

第一节　现代企业财务风险传导的理论基础

一、现代企业财务风险传导的基础内容

（一）企业财务风险传导的基本概念

“随着经济和企业经营多元化的发展，企业内部存在财务风险的概率日益增加，而且企业财务风险会在各部门之间以及生产经营的各个环节内进行相互传导，进而使企业的正常运行和经济效益都会受到不同程度的影响，这就是企业财务风险传导机理。”（李斌，2017）财务风险传导是指企业由于受到不可避免的外部和内部不确定性因素的影响产生的财务风险，依附于特定的传导载体，经过一定的路径，向企业财务活动的各个功能节点及外部财务关系传导和蔓延，进而导致企业及其关联企业财务目标偏离预期目标而遭受损失的过程。

企业财务风险传导包括两层含义：其一，外部传导，即企业产生的财务风险可能会通过某些载体经由特定路径传导至其财务关系；其二，内部传导，即一个理财环节产生的财务风险会通过某些载体经由特定路径传导至另一个理财环节，如筹资、投资、经营和收益分配各环节之间的财务风险传导，以及财务预测、财务决策、财务计划、财务控制、财务核算、财务分析各环节之间的财务风险传导。与此同时，“企业财务风险传导机制构建中，需遵循有效性原则、柔性控制原则、可操作性原则、系统性原则、适时性原则。”（陈运涛，2017）

（二）企业财务风险传导的主要特征

企业财务风险传导包括传和导两个环节，其主要特点可概括为：复杂性、路径依赖性、方向性、突发性和不可逆性。

1. 复杂性

在复杂多变的市场环境下，企业财务风险传导系统复杂，存在顾此失彼的问题。财务风险传导系统构成因素众多，其关键性因素包括资产、负债、所有者权益、收入、费用、利润和现金流量，各因素之间相互关联、相互影响，且有复杂的相互依存关系，其中多数呈现明显的非线性关系。

2. 路径依赖性

路径依赖是指一个具有正反馈机制的体系，一旦在外部性偶然事件的影响下被系统采纳，便会沿着路径发展并形成固有惯性，很难为其他潜在的甚至更优的路径或体系所取代。

路径依赖是企业财务风险传导的机理特征之一，企业财务风险的传导一定是依赖于某种路径的。

3. 方向性

企业财务风险传导具有一定的方向性，主要模式分为单向风险传导、双向风险传导、多向风险传导。

力学上有一个普遍的原理，即在力的运动过程中，当有几个可供选择的方向时，质点会向阻力最小的方向移动。同理，在企业理财系统风险传导过程中，风险传导的方向也适合这一原理。当企业财务活动产生财务风险时，由于传导网络中各环节的关联性及复杂性，财务风险存在向几个方向传导的可能性。

当企业财务风险开始传导时，由于企业内部及企业与外部其他利益主体之间复杂的业务流程链和供应链，财务风险流可能会向多个方向传导，但最可能传导的方向是与企业利益相关度高的主体。当一个财务节点或企业的风险流沿着一定的路径传导至另一个财务节点或企业时，相似于力学中的作用力与反作用力原理，另一个节点或企业的风险流同样可能沿着相同路径往回传导至这一节点或企业，这就是财务风险传导的双向性。

4. 突发性

企业财务风险产生及传导的启动都是偶发的，一旦发生就会很快造成严重的风险后果，突发性是财务风险传导的显著特征。企业财务风险的产生，在很大程度上是由于信息在不同的利益主体间不完全共享，由于利益主体基于自身利益的考虑，信息很难实现及时有效的交流共享，这是企业财务风险传导的基础。财务风险在财务活动的某个节点迸发并传导的前期，财务风险流都会经过一个变化、蓄存并冲破风险阈值的过程，一般情况下，财务风险产生和蓄存的过程比较缓慢，只会在财务系统内部产生细微的变化，这种风险发生的过程不易被企业财务管理者察觉。

当外部宏观环境发生大变化时也可能造成快速的财务风险传导。一旦财务风险在某一功能节点处的蓄存超过了风险阈值，必然会破坏企业财务系统的内外平衡，财务风险会突然迸发，并快速地沿着风险传导路径进行传导，给其他财务主体带来类似的或新的财务风险。财务风险流在突破风险阈值前的蓄存过程中，具有很强的隐蔽性，这就决定了财务风险传导具有明显的突发性。

5. 不可逆性

企业财务风险的传导过程是不可逆的，财务风险一旦开始传导，就会传导和蔓延至财务活动的各个功能节点，某些功能节点所面临的风险性质和风险状态得以改变，形成了具有不同属性、不同影响和不同表现的财务风险子系统，这种由于财务风险传导所导致的功能节点间风险状态的改变，是无法完全复原的。企业财务风险传导过程的不可逆性说明，尽管企业可以通过各种各样的方法来掌握企业财务风险传导的规律，并在此基础上总结对财务风险进行管理和控制的有效途径，但无法完全阻止财务风险的发生和传导，只能尽量降低财务风险后果的负面影响。

（三）企业财务风险传导的类型划分

1. 按传导中财务风险的耦合形态划分

按传导过程中财务风险的耦合形态，财务风险传导可划分为纯耦合传导、弱耦合传导和强耦合传导。

（1）纯耦合传导。当两个子财务风险之间不相关，财务风险耦合度几乎为零时，子财务风险 m 与 n 在传导过程中相互独立、互不影响，财务风险传导的耦合效果是“1+1=2”，财务风险按照既定的速度沿着传导链进行传导，整个财务系统耦合前后整体风险状态保持不变，处于平衡状态。

（2）弱耦合传导。当两个子财务风险之间呈负相关，风险耦合程度低时，子财务风险 m 与 n 在传导过程中相互减弱和阻断，此时财务风险传导的耦合效果是“$1+1<2$”。弱耦合将减慢和阻断财务风险在企业的传导，耦合后的企业整体财务风险小于耦合前的整体财务风险。

（3）强耦合传导。当两个子财务风险之间呈正相关耦合时，子财务风险 m 与 n 在传导过程中相互促进、相互叠加，增加了企业整体的财务风险，当正耦合的效果达到一定程度时甚至有突然产生新的财务风险的可能。由于功能节点间的高关联度和子财务风险之间的正耦合，导致各子财务风险在叠加效果上有所扩增和延伸。

2. 按传导中财务风险是否发生变化划分

按传导过程中各类风险是否会发生质的变化，财务风险传导可划分为稳态传导与非稳态传导两种。

（1）稳态传导。稳态传导是指财务风险在传导过程中仅沿着既定的路径传导。在传导过程中，财务风险的性质仍是初始状态，不会因其他因素发生质的变化而产生新的财务风险。

稳态传导无疑是财务风险传导类型中最简单的一种，此时财务风险只是沿着传导路径发生量的变化。稳态传导的基本特征包括：①财务风险在传导过程中的速度、强度与传导系数呈正相关，不同类型财务风险的传导系数是不一样的，因而不同性质的财务风险在传导过程中所表现的形式也是不同的；②财务风险在传导过程中的速度、强度与阻尼系数呈负相关，阻尼系数越大，财务风险传导的速度越慢、强度越小。财务风险传导路径的不同以及财务风险管理措施会在一定程度上决定阻尼系数的大小，因此，财务风险传导在一定程度上是可以控制的。

（2）非稳态传导。企业财务风险非稳态传导可以分为瞬态财务风险传导和周期性财务风险传导。

瞬态财务风险传导，是指由于财务风险传导的边界突然发生阶跃式的变化，使财务风险瞬间发生传导，这类财务风险传导是突发的、难以预料的。在瞬态传导过程中，企业在财务风险传导前未能察觉到风险征兆，风险接触的每个功能节点都会受到影响，存在风险吸收蓄存的现象。

周期性财务风险传导，是指因企业经营活动的周期性变化而导致财务风险在传导过程中也呈周期性变化。企业财务风险在整个传导过程中是波动、间歇或随时间呈一定规律变化的。

3. 按企业财务风险传导的源头划分

按企业财务风险传导的源头，企业财务风险传导可划分为以企业外部为源头的风险传导和以企业内部为源头的风险传导。

（1）以企业外部为源头的风险传导。以企业外部为源头的风险传导是指风险源存在于企业的外部环境中，如外部政策、经济、金融以及行业中存在的风险源，随着企业与外部环境不断发生联系和交流，外部风险源突破阈值逐渐传导和扩散到企业内部财务流程，导致企业财务活动偏离预期目标并产生财务风险的可能性。

在这一层面上，以企业外部为源头的风险传导又可细分为两种：从外部关联企业传导至企业内部财务活动以及从外部非企业组织传导至企业内部财务活动。

（2）以企业内部为源头的风险传导。以企业内部为源头的风险传导是指位于企业内部的风险源，导致企业在财务活动中产生偏差和不确定性，该偏差和不确定性经由财务活动流程得到传导和放大，从而使企业财务活动偏离预期目标，并产生损失的可能性。

在这一层面上，以企业内部为源头的风险传导可以分为三种形式：企业内部环节之间的财务风险传导、从企业内部传导至外部相关企业、从企业内部传导至外部非企业组织。

二、现代企业财务风险传导的构成要素

如果从系统论角度看，可以把企业财务风险的迸发、传导等一系列主体与媒介体之间的相互作用过程看成一个完整系统，称为财务风险传导系统。企业财务风险传导作为系统，也是一个整体，只有将这个整体进行分解才可以区分其组成元素，才能进一步了解该系统的整体性和特性。了解企业财务风险传导系统的组成与系统结构，是了解该系统运行原理和机制的前提。

企业财务风险传导的各环节既包括风险的风险源、传导风险的载体，又包括风险传导的中介体，还包括在财务风险传导完成时的风险结果，如果考虑到传导效应以及企业主体能够充分辨析各环节中财务信息的反馈，甚至包括最后一个财务风险传导环节，评价系统外部环境对企业财务的冲击和影响。因此，财务风险传导系统可以分解为财务风险源、风险传导载体、内外部供应链和风险阈值突变四种组分。

风险传导载体是风险传导的桥梁，在企业财务风险传导过程中起着媒介的作用，承载或传导企业财务风险的各种物质。

内外部供应链是风险传导的链条，企业财务风险在企业财务活动中传导所经的路线和途径，即为企业财务风险的传导路径。

风险阈值突变是风险传导的导火索，财务风险并非一经产生就向外扩散、蔓延，它会受到财务活动中相应机体的一定程度的自我控制，只有当财务风险的积累量超过相应机体自我控制的临界值（即风险阈值）时才会发生传导。

（一）企业财务风险传导的风险源

企业财务风险传导的风险源，是企业财务风险产生的源头，是引发企业财务风险事故的根源，企业在各项财务活动中，受到外部环境和内部系统不确定性因素的影响，从而导致企业财务风险的产生，这些外部环境和内部系统中的不确定性因素就是企业财务风险源。

根据企业资金供应链的内容，财务风险源可以分为筹资风险源、投资风险源、营运资金风险源和收益分配风险源。

1. 筹资风险源

企业筹资风险的形成既有举债本身因素产生的影响，也有举债之外因素产生的影响。企业只有准确把握筹资风险产生的原因，才能有效控制筹资风险及其传导。

（1）宏观风险因素。企业筹资活动的宏观环境存在于企业外部，但对企业的筹资活动有重大影响。如果企业筹资活动不能迅速适应外部环境的变化，必然会给企业带来筹资风险。

政治法律因素的变动会给企业带来筹资风险。一个国家财政政策、货币政策的变化，

以及国际政局动荡等，都会给企业的筹资活动带来不利影响，使企业承受一定的风险，如利率和汇率的调整，央行调高利率，就会增加企业筹资的成本，反之会降低筹资成本。当企业以短期借款为主要筹资方式时，如果国家实施紧缩性的财政政策和货币政策，银根抽紧，会使短期借款利率大幅上升，从而大幅增加了企业的利息费用，加大了企业的筹资风险，一些企业甚至因无法按时支付高涨的利息费用而破产清算。

国家宏观经济环境的变化也会给企业带来一定的筹资风险。比如，当经济处于萧条衰退时期，市场萎缩，需求不足，资金回笼速度慢，此时企业面临的筹资风险较大，一旦筹资决策选择不当，很容易陷入财务危机。税收制度对企业筹资的影响也很大，会影响企业的筹资结构。

（2）微观风险因素。

第一，内部管理不力。企业在筹资过程中之所以会产生决策失误并引发筹资风险，是企业内部管理秩序混乱等因素造成的，主要包括企业因组织结构不健全、内部管理存在漏洞、决策机制不合理等因素所导致的决策风险。这种决策风险是由企业的经营机制、管理水平及管理者的决策能力等因素引起的。

第二，经营风险。经营风险是企业生产经营活动所固有的风险，直接表现为企业息税前利润的不确定性。企业的经营风险会对其筹资活动产生影响。如果企业经营不善，营业利润不足以支付利息费用，不仅股东得不到预期收益，还要用股本支付利息，严重时会使企业丧失偿债能力甚至破产。

第三，资产流动性不强和现金流入量不足。负债的本息一般要求以现金的方式偿还，因此，即使企业的盈利状况良好，但现金流入量不足，资产的流动性不强，则可能导致企业不能按期还本付息。资产流动性反映的是企业潜在的偿债能力，现金流入量反映的是企业现有的偿债能力。如果企业投资决策失误、应收账款过多或存货积压过多，导致不能及时实现预期的现金流入量，就会产生不能按期还本付息的筹资风险。这种情况下，为了控制筹资风险，企业可以变现其资产，各种资产的流动性是不一样的，其中固定资产的变现能力最弱，库存现金的变现能力最强。很多企业破产不是因为没有资产，而是资产变现能力差，导致企业无法按期偿还债务，被迫宣布破产。

企业资产的整体流动性状况影响筹资风险的大小，当企业资产整体流动性较弱时，其资产变现能力差，筹资风险较大；反之，当企业资产整体流动性较强时，其资产变现能力强，筹资风险较小。

（3）筹资自身因素。

第一，负债规模不当。负债规模是指企业负债总额在资金总额中所占的比例。企业负债规模越大，其所要支付的利息费用就越高，由此导致的不能按期还本付息的可能性也就越大。资金短缺是很多企业在发展进程中遇到的致命障碍，为了筹集到足够的资金，很多企业在脱离自身实际能力的情况下毫无节制地借款，盲目扩大筹资规模，从而增加了企业的筹资风险，甚至落个破产的结局。

第二，负债期限结构不合理。筹资结构是指企业各种来源的资金在资金总额中的比例及其相互关系。企业在确定企业筹资结构时，不仅要合理安排负债的规模，还要注意负债的期限结构。长期借款的利息费用在相当长的时间内是固定不变的，但取得成本通常较高，且还有一些限制性条款；短期借款的利息费用较长期借款低，然而利息费用不稳定，可能会出现大幅波动。两种借款方式各有利弊，企业应根据实际情况来决定负债期限结构。负债期限结构安排不合理会加大企业的筹资风险。例如企业大量举借外债用于长期资产投资，当短期借款到期时，可能会出现难以筹措到足够的资金来偿还短期借款的风险。

第三，筹资时机不对。筹资时机是指为了实现最佳的筹资效果，企业在筹资时要综合考虑内部经营条件和外部经营环境，选择最佳的时点进行筹资。筹资时间提前或滞后于最佳时机，都会增加企业的筹资成本和筹资风险。例如当前银行利率较高，由于资本市场资金供应趋向过剩，在未来一段时间内贷款利率会适当下跌，如果企业财务管理者没有预测到这一形势，在当期筹集了大量的长期借款，就没有把握住在未来利用贷款利率下降减少利息支出的机会，这种筹资时机不当的行为会增加企业的筹资成本和筹资风险。

第四，筹资方式结构不当。企业的筹资方式包括权益式筹资和负债式筹资。一般来说，权益式筹资的资金成本高而风险低，权益式筹资风险表现在资本回报方面的不确定性，即企业可能无法实现预期赚取利润的目标。负债筹资成本高，企业为了降低筹资成本，往往采用负债筹资方式。负债式筹资的资金成本低但风险高，负债式筹资风险表现在企业能否按时还本付息，如果借入的资金不能产生预期的经济效益，就会使企业不能按期还本付息，导致企业产生筹资风险甚至破产清算。

不同的筹资方式在资金获取难易程度方面也存在差异。例如，相对于债券筹资，银行借款筹资速度快，且无须公开企业的财务信息；与银行借款相比较，发行债券对企业自身的要求比较高，报批和发行手续也很复杂，并且在发行契约书中通常会附加一些限制性条款，其利率要高于同期银行存款利率。

综上所述，不同筹资方式的筹资成本不同，如果企业筹资组合不当，就会增加筹资风险。

2. 投资风险源

投资风险是指由于未来投资收益存在不确定性，企业在投资活动中可能遭受损失甚至损失本金的风险。换言之，投资风险是企业为了获取不确定的预期收益而必须承担的风险。企业产生投资风险主要有以下原因：

（1）盲目投资、决策失误带来的投资风险。我国企业投资通常存在对投资项目事先缺乏严格的调研和技术论证的问题。由于企业管理者本身的素质问题而引发管理混乱现象，导致企业投资计划无法实施，或投资项目利润下降，从而加大企业的投资风险，使企业的投资偏离预期目标。

（2）利率变动引起的投资风险。利率受国家宏观财税政策、金融政策及市场行情等因素的影响，经常处于变动状态，引起企业投资收益的波动。例如企业买入债券，其价格受银行存款利率影响，当银行存款利率上升时，投资者就会将资金存入银行，债券价格随之下跌。

在我国，利率尚未完全实现市场化，政府何时出台利率调整政策、调整幅度有多大等，都是企业无法事先预测的。在我国利率市场化改革进程中，国家政策和市场经济杠杆两个因素都影响利率的变动，同时由于我国企业缺乏利率定价机制、利率风险计量以及利率风险监控系统，加大了企业应对利率变动带来投资风险的难度。

（3）购买力变化而产生的投资风险。这是指在企业投资到期或中途出售时，由于通货膨胀而造成所获现金的购买力下降，从而产生投资风险。我国经济经过多年的快速发展，已经出现投资过热现象，投资品需求过多引起我国近期出现较高的通货膨胀；同时由于国际经济环境的变化，国际上一些原材料价格上升导致我国原材料价格随之上升，再加上我国劳动力价格普遍上涨，这些都是企业无法控制的因素，大大增加了企业的投资成本和投资风险。

（4）投资过程非科学性而产生的投资风险。投资过程的非科学性导致企业产生以下投资风险：

第一，企业对投资项目进行可行性研究时，对投资方案缺乏系统、周密的分析和研究，造成生产的产品不适应市场需要，导致大量产品积压。

第二，企业投资分散化现象严重，有限的资本被投资于过多的行业，无法形成规模效应，从而使投资收益偏离预期目标。

第三，企业在投资过程中，因资金不能按时到位、物资供应不及时或缺乏严格管理等因素，造成投资项目不能按计划完成。

第四，企业在投资过程中不能严格按预算控制投资成本。由于预算不准确或外界环境因素的变化，企业在投资过程中边投资边修改预算，最后不仅扩大了投资总额，而且延长了工程项目资金的回收期。

第五，企业投资购建的资产在技术上缺乏先进性。购建技术落后的设备，或从经济上看已经不先进的设备，在生产工艺方面注定了投资项目会产生风险。

3. 营运资金风险源

营运资金贯穿于企业经营活动的全过程。企业在存续期内的资金需求随内外部环境的变化而不断变化，企业的资金量不可能永远处于充足状态。另外，突发事件的发生也会使企业产生营运资金风险。企业营运资金风险产生的原因主要表现在以下方面：

（1）流动性因素。通常情况下，企业的货币资金依次经历的环节包括：货币资金—

储备资金—生产资金—成品资金—债权资金—货币资金。企业的经营状况及财务政策决定了各种资金形态的转变。

流动性风险包括两个方面：一方面，流动资产内部应收账款与存货所占比率过大，货币资金及短期投资比率过小，企业日常支付能力和偿债能力较弱；另一方面，长期资产占企业总资产比重过大，企业资金整体周转速度缓慢，营运资金不足。

由于受各种不确定性因素的影响，企业在存续期内的营运资金需求量不断变化，企业营运资金不可能随时处于充足状态，使得流动性风险客观存在。

（2）应收账款因素。

第一，在市场竞争日趋激烈的形势下，企业为了占领市场，在缺乏对应收账款风险的防范意识的情况下，通过信用销售来增加销售额。

第二，有些企业对应收账款缺乏有效规章制度，使得应收账款的催收不及时，导致应收账款不能及时变现，最后，企业的激励机制不健全使得企业常常实行绩效工资制度，销售人员获得的奖金与其所实现的销售额成正比。在这种激励机制下，企业销售人员会通过赊销或者回扣的方式来销售产品，导致企业的应收账款大幅增加。同时由于企业没有采取有效措施要求销售人员或相关部门负责按期收回应收账款，这就使得企业的应收账款不能及时收回，增加了企业的经营风险。

（3）存货因素。近年来，市场竞争的日趋激烈和技术的飞速进步，使得产品更新换代的速度越来越快。同时，经济的发展、顾客嗜好的变化以及其他因素，使得顾客对产品的需求变化存在很大不确定性，企业很难把握顾客对产品的需求。存货始终存在不确定性因素，如存货价格随着通货膨胀出现上涨，操作模式改变、新产品出现、供应量中断、竞争情况发生变化、新法规出台、经济环境变化、客户和供应商转移等，导致计划与需求不相匹配，增大了库存风险。可见，计划与实际需求存在偏差，就会增加库存风险，存货过多，增加企业库存管理费用，库存过低，又无法满足市场需求量。

（4）营运资金被占用。由于生存的需求或对发展的渴望，一些企业热衷于做强做大，当资金利润率高于资金成本率时，特别是当资金利润率高于行业平均利润率时，往往出现激进和冒险的思想，在这种思想的主导下，企业将大量资金投入项目中，造成原有经营规模资金吃紧，新上投资项目产生的现金流需要一段时间或还未知，致使企业的现金流长期滞后，陷入营运资金不足的局面。

（5）财务职能与经营职能、其他管理职能的非协调性。由于企业存在职能分工，经营活动中的物流、资金流和信息流分布在生产、销售、财务等不同部门，且信息存在非同步性，在这种状况下，各职能部门一旦缺乏协调就可能产生营运资金风险。例如，不能将原材料市场供应情况、产品销售情况等信息及时反映到财务部门，财务运作滞后，企业资金结算、商业信用等政策得不到及时调整，导致营运资金周转缓慢甚至产生资金沉淀。因此，财务职能与经营职能、其他管理职能的非协调性，是产生营运资金风险的动因之一。

4. 收益分配风险源

收益分配风险的诱因主要包括三个方面：①由于收益确认不当，如少计成本、多计收益带来的风险；②会计记账方式不当所带来的收益分配风险；③对收益分配的时间、形式和金额把握不当而带来的风险。收益分配风险产生的原因主要包括收益确认因素和收益分配因素。

第一，收益确认不当。由于客观环境因素的影响和会计方法运用不当，可能会少计成本、多计收益，使企业提前纳税，所确定的分配利润偏高。目前通行的记账方式是以权责发生制为基础，在这种记账方式下，企业的大量收入以应收账款的形式存在，以此计算利润并进行收益分配可能造成企业现金短缺。

第二，对收益分配的时间、形式和额度把握不当。收益分配活动受到外部筹资成本及其难易程度、未来投资方案、收益质量、股东满意度等因素的影响。而这些影响因素一方面受外部客观环境变化的影响，另一方面受人们主观认识能力的限制，存在很大的不确定性，从而导致收益分配风险的产生。

（二）企业财务风险传导的载体

“载体”这一名词本是一个科技术语，最早出现于化学领域，如工业上用来传递热能的介质。随着知识的综合化发展趋势，这一概念现在被广泛运用于人文社科领域研究中，一般被理解为承载信息和知识的物质形体。

企业财务风险传导载体，是指在企业财务风险传导过程中起媒介作用，承载或传导企业财务风险的各种物质。如果没有风险传导载体，企业财务风险就不会被传导。企业财务风险传导载体是客观存在的，只能积极地去识别传导载体，必要时采取有效措施进行控制。

1. 企业财务风险传导载体的特征

风险源广泛存在于企业财务的外部环境和内部系统中，当它们的集聚量未突破风险阈值时，就只是片面的、局部的财务风险表征，不会形成现实的财务风险传导活动。只有当财务风险聚集量超过阈值，从风险源迸发出风险流时，才会产生现实的财务风险传导活动。承载着风险流、起着媒介作用的正是财务风险传导载体。企业财务系统风险传导载体具有以下特点：

（1）中介性。在企业财务风险传导过程中，载体起着媒介作用，财务风险流需要依附于某种载体，才能在企业内部各财务环节或企业之间进行传导，没有载体，财务风险传导就失去了传导的基本条件。

（2）承载性。载体的性质不同，其所承载的财务风险也不尽相同，财务风险和财务风险载体有些是一一对应的关系，有些则是一对多的关系，有的财务风险载体只能承载一种财务风险流，有的财务风险载体可以承载多种财务风险流，这取决于财务风险载体本身的属性。承载风险源并不是风险载体的唯一功能，承载为传导提供了前提和条件。企业财务系统是由内部多个财务环节共同组成，并且与外部相关企业存在财务关系，风险载体承载着各种财务风险流并使其相互作用，“传导”就开始了。

（3）传导性。传导性和承载性是相辅相成的，承载性只是载体传导财务风险的一个前提条件，只有载体本身具有在企业内部系统或外部系统进行传导的能力，财务风险才得以传导，否则，载体即使能够承载多种风险，但由于处于静止状态，则没有财务风险传导这个动态过程。

（4）客观性。企业财务风险传导载体是客观存在的。一般而言，企业财务风险传导载体主要有资金、信息、人员、宏观政策等，而这些都是企业运营活动的必备要素和面临的客观环境，这就决定了财务风险传导载体的存在是客观必然的。另外，财务风险传导载体的客观性还表现在财务风险通过载体进行传导是不以人的意志为转移的。

2. 企业财务风险传导载体的类型

（1）资金载体。资金犹如企业的“血液”，企业从设立、维持运行、一直到不断扩大再生产都离不开资金的支撑，或者说直接的货币投资。以资金为载体的企业财务活动中，每一个环节都存在不确定性，企业处处存在财务风险。当今形势下，企业财务风险与防范不仅是内部的管理，更多的是从企业营运的角度来看的概念。

（2）信息载体。风险是指由于不确定性的存在，使某一事件的未来实际结果偏离预期目标，从而引起损失的可能性。可见，不确定性是风险的核心内容，企业远离不确定性，就不会产生风险。如果企业获得的信息量增加，不确定性会随之减少，遭遇财务风险的程度也就相应降低。

信息不对称，包含两层基本含义：一是信息量在交易双方之间的分布是不对称和不均衡的，即一方可能比另一方拥有更多的信息量，例如，企业在向银行申请贷款时，应充分了解自身的财务状况，但是银行对企业财务状况的了解是片面的，企业为了申请贷款成功可能会隐瞒自身的财务风险部分；二是交易双方了解各自信息占有方面的相应地位，虽然处于信息劣势的一方缺乏部分相关信息，但对这些相关信息的分布概率是大致了解的，并可通过概率分布进行预测，例如，企业采取赊销的方式销售商品时，会根据不同企业的资信程度给予不同量的赊销额度，对资信程度高的企业给予更大量的赊销额。

信息不对称使企业某一财务环节产生的风险通过信息载体在企业内部或外部进行传导，造成企业财务活动中信息不对称有以下原因：

首先，信息传递的渠道不通畅。企业外部其他利益主体或内部其他环节的信息传递技术不健全或是信息传导渠道不通畅，使得企业某一财务环节的管理者不能及时获取有关活动的准确信息。当外部其他利益主体或内部其他环节产生财务风险时，由于信息传递渠道不通畅，财务管理者无法及时了解这种财务风险，进而在该环节做出错误的财务决策，使得企业遭受财务风险甚至重大经济损失。

其次，企业财务管理者信息识别和处理能力不强。财务管理者自身对信息的识别与处理能力在财务活动中占有非常重要的地位。在外部其他利益主体或内部其他环节提供了足够的信息，并且在信息传导渠道通畅的情况下，如果企业财务管理人员由于自身专业能力有限，缺乏对信息识别、加工和处理的能力，那么依然会做出错误的财务决策，使企业遭受财务风险并造成损失。

最后，欺诈导致的财务风险传导。如果外部相关利益主体存在主观的欺诈行为，那么会使财务风险传导现象更为严重。相关利益主体从自身利益出发，利用交易双方在交易活动中信息不对称，故意隐瞒真实情况，提供虚假信息，造成另一方做出错误的财务决策，将自身的财务风险转移至对方单位。目前，我国市场制度还不健全，因欺诈行为导致的财务风险传导尤为严重。

（3）人员载体。任何企业都要借助于财务管理这一项活动，记录下企业的收入与支出以及两者之间的平衡情况来反映企业的财务状况，财务人员就是实施这项活动的主体。因此，财务人员在企业财务管理活动中至关重要，他们的行为直接关系到企业内外各相关主体的利益所在。如果财务人员缺乏专业知识或职业道德修养，企业的财务风险就会以人员为载体传导至内部相关环节或外部相关利益主体。

（三）企业财务风险传导的路径

财务风险源释放的风险流依附于风险载体，沿着特定的路线和途径在企业内部财务环节和外部财务关系中传导，企业财务风险在企业财务活动中传导所经过的路线和途径，即为企业财务风险的传导路径。

企业财务风险传导路径可分为企业内部财务环节之间的传导、企业与外部企业、银行等债权人之间的传导两个层面。

1. 企业内部财务风险传导路径

企业财务系统风险，是沿着一条资金供应链路径传导的。财务风险是以资金为载体在企业内部各财务环节之间进行传导的。

（1）筹资风险的传导。从筹资风险的形成原因和表现形式来看，当企业不能按期还本付息或自有资金使用效果不佳时，会对以后的筹资活动产生负面影响，使企业难以筹措到足够的资金，此时筹资风险会以资金为载体传导至其他财务环节。

筹资风险以资金为载体传导至投资环节。企业由于筹资风险而筹措不到足够的资金，会对投资过程产生不利影响，甚至由于资金短缺而放弃好的投资项目。

筹资风险以资金为载体传导至营运资金环节。企业由于筹集不到足够资金而不能及时、高效地购买所需的各种生产资料，就会影响营运活动的正常进行。

（2）投资风险的传导。投资风险是指对未来投资收益的不确定性，在投资中可能遭受收益损失甚至损失本金的风险。投资项目的收益能力是指企业所筹集资金的投入产出能力，可以通过计算投资收益率来反映。投资风险以资金为载体传导至其他财务环节。

投资风险以资金为载体传导至筹资环节。公司融资偏好有优先顺序，首先是内部资金，其次是负债，最后是发行新股。如果公司的盈利状况良好，由经营活动产生的资金能满足大部分需求，使得企业需要向外举债的额度降低，因此，企业的盈利能力与负债比率呈负相关，即公司盈利能力越好，负债比率越低。

企业做投资决策时，需要考虑的因素包括：投资时间、投资占用的资金量及投资回收时间等，这些因素直接决定着企业筹集资金的时间、筹资额度及筹集资金的期限结构等。在我国现行的金融体制下，企业很难通过发行股票的方式为投资项目进行筹资，更多的是向银行贷款。即使有的企业可以通过增发股票为新项目进行筹资，也要经历众多复杂的程序，花费较长时间。因此，企业在进行投资预算时，往往会伴随着债务比例的增加，即投资决策影响筹资决策。投资决策本质上就是风险与收益的平衡，因此，企业在投资预算过程中，需要考虑投资收益与筹资风险之间的平衡。如果某项投资的收益小而风险大，企业在投资中就会遭受收益损失甚至本金损失的风险，并以资金为载体传导至筹资环节，产生不能按期还本付息的筹资风险。

投资风险还通过资金载体传导至营运环节，加大营运资金风险。企业的投资项目不能带来预期投资收益率，企业产品因缺乏竞争力尚未形成稳定的现金流，导致现金流无法满足企业正常生产经营的需要，加大了营运资金风险。

（3）营运资金风险的传导。营运资金风险是指因资金不足等原因给企业财务带来负面影响、造成经济损失的可能性。如果营运资金不足，现金循环就无法顺利完成，从而影响企业的正常生产经营活动，营运资金风险就会以资金为载体传导至其他财务环节。

营运资金风险以资金为载体传导至筹资环节。现金流入量反映企业现实的偿债能力，资产的流动性反映企业潜在的偿债能力。负债的本息一般要求以货币资金来偿还，因此，即使企业盈利状况良好，但能否按期还本付息，取决于企业预期的现金流量是否及时、足额，以及资产的整体流动性如何。如果企业没有及时、足额地实现预期的现金流入量，就会面临到期不能还本付息的风险，致使企业的营运资金风险以资金为载体传导至筹资环节，进而产生筹资风险。

营运资金风险以资金为载体传导至收益分配环节。企业大量赊销、为客户垫付相当数量的债权性资金，使得货款不能及时收回，形成坏账风险。企业对债权账龄长的应收账款计提坏账准备，导致企业管理费用增加，净利润减少，可供分配的利润减少，这势必会削弱股东的积极性。

（4）收益分配风险的传导。收益分配是企业财务内容循环的最后一个环节，收益分配风险是指由于收益分配不当可能给企业的后续经营带来不利影响。收益分配风险通过资金载体传导至下一轮财务内容循环的第一个环节，即筹资环节，主要表现在以下三个方面：

第一，因过度发放股利而加大筹资风险。当企业管理者未能准确预计投资时间和所需资金时，企业会出现过度发放股利的现象，使得企业由于内部资金不足而增加从外部筹资的额度，而外部筹资的成本和风险都要高于内部筹资，加大了企业在筹资环节的风险。

第二，因过度留存收益而加大筹资风险。企业如果过度留存收益，就会挫伤投资者的积极性，引起股价下跌，这势必会加大企业未来在资本市场上的筹资风险。

第三，因收益分配风险会传导至营运环节而加大营运资金风险。企业由于受通货膨胀或会计操作不当的影响，会出现虚盈实亏的现象，即企业虽然账面盈利，实际上现金流已无法满足下一轮生产经营的需要。在这种情况下，收益分配风险以资金为载体传导至企业的营运环节，增加了营运资金风险。

2. 企业外部财务风险传导路径

财务风险传导的普遍性存在是由于经济系统内存在各种直接或间接的关联。在当今社会分工越来越细化、经济主体间联系日益紧密的趋势下，动态传导性质成为财务风险的一个重要特征。

企业作为一个相对独立的经济实体，在日常生产经营过程中不可避免会受到周围环境的影响。企业之间由于利益关系会形成一条直接或间接、紧密或松散的供应链条，并对企业的生产经营活动产生影响。这种供应链条是财务风险在各节点企业之间传导的直接动因。当供应链上的某个节点企业输出的财务风险高于其上下游企业所能承受的风险阈值时，财务风险开始向其上下游企业传导，因为企业可能同时存在多个上下游企业，一般会向几个方向传导，而财务风险首先会向与企业联系最紧密、抗风险能力差、风险承受能力弱的企业传导和扩散。

（1）下游企业面临上游企业供货延迟或中断的风险。在整条供应链中，一旦某一家企业出现状况而影响其正常生产运营活动，导致不能正常向下游企业输出其产品，下游企业则因产品得不到及时供应而影响其生产或销售，这样导致供应链条某一环的断裂，财务风险就会通过物质载体以极快的速度在整条供应链传导，从而引发财务风险传导的多米诺效应。具体体现在以下方面：

首先，扰乱供应链运行计划，在目前准时制精益化的管理模式下，企业不能发展太多供应商，如果上游供应商延迟或中断供货，会使下游企业缺乏原材料，导致其不能进行正常的生产经营活动，严重损害下游企业的利益，下游企业又会将此风险通过物质载体传导至其下游企业，影响整条供应链的正常运行。

其次，下游企业因缺货而失去客户，缺货会降低客户对企业的满意度，企业存在丢失客户的风险。

最后，缺货增加企业成本，当企业面临上游企业延迟或中断供货时，需要及时采取应对措施，例如高价从其他供应商那里采购原材料，这样企业就将增加的成本部分、全部或加倍地转移至其下游企业，这样直接导致了整条供应链上企业成本提高、利润降低。

（2）上游企业面临下游企业拖欠货款的风险。供应链上同时存在与物流反方向的资金流，使得节点企业之间由于赊销而形成了债权债务关系。近年来，由于违约事件的频频发生，商业银行对贷款的发放更加谨慎，企业越来越难从商业银行获得帮助。为了解决资金短缺问题，企业只好求助于供应链上的合作企业，因此合作伙伴间的相互赊欠越来越多。如果某个企业财务状况出现问题，很可能拖欠上游企业的货款，使上游企业面临巨大风险，上游企业又会以资金为载体传导至其上游企业，使整条供应链面临资金短缺的风险，具体表现在以下方面：

首先，如果下游企业拖欠上游企业的货款，导致上游企业资金周转困难，上游企业就会拖欠其上游供应商的货款，从而形成了整条链上货款拖欠的多米诺效应，影响整条链的正常生产运营。

其次，一旦下游企业拖欠货款，上游企业随即面临收账费用、坏账准备金、资金利息等成本大幅上升的问题。如果通过涨价方式来应对上述问题，销售价格的提高会使产品的市场占有率降低。如果不通过涨价方式来应对上述问题，势必会影响企业的利润。

最后，如果上游企业存在大量逾期未收回的应收账款，且没有及时将部分应收账款转化为坏账损失，企业财务报表上的利润就会产生虚高的现象，导致企业财务管理者做出错误的财务决策。例如向投资者发放大量利润，而使后续生产经营所需的资金不足。

（3）企业财务风险传导至银行等债权人。负债的本息一般要求以现金的形式偿还，因此，即使企业经营状况良好，但其能否按时还本付息，取决于企业预期的现金流入量是否足额以及资产的流动性如何。如果企业投资决策失误，未收回的应收账款过多，不能及时或足额地实现预期的现金流入量，导致企业不能按时偿还本息，就会将财务风险传导至银行等债权人。

三、现代企业财务风险传导的效应分析

（一）企业财务风险传导的多米诺效应

企业财务风险传导多米诺效应，是指企业财务活动中的一个初始单位，如筹资环节、投资环节、营运环节、利润分配环节等，由于风险源产生风险，达到一定条件后突破风险阈值，借助载体传导至下一个功能节点，致使下一个功能节点产生财务风险，依次继续传导至其他的功能节点，这一传导过程体现了企业财务风险传导的多米诺效应。

事故多米诺效应发生必备的条件包括：①存在触发多米诺效应的初始事故；②初始事

故发生范围扩大需要一定的物理效应，如火灾热辐射、冲击波超压或碎片；③初始事故蔓延开来至少导致一个二级事故发生，从而使得总体后果扩大。根据事故多米诺效应发生的条件，企业财务风险传导多米诺效应的发生应具备以下三个条件：

第一，存在风险源。风险源是促使或引起财务风险事件发生的条件，以及财务风险事件发生时，致使损失增加、扩大的条件。风险源是财务风险事件发生的潜在因素，是造成损失的间接和内在原因。将触发器定义为H，各个财务风险因子定义为h，初始财务风险定义为X_0，可得公式：

$$\begin{cases} H=\{h_1,h_2,h_3,\cdots,h_n\} \\ X_0=f(h),h\in H \end{cases} \tag{2-1}$$

第二，初始财务风险必须超过财务风险阈值。多米诺效应的阈值，是表征破坏效应相关物理参数的限值，可作为判断是否会引发多米诺效应的评判准则。如果将初始财务风险阈值定义为Y_0，那么有：$0\leqslant X_0\leqslant Y_0$。

第三，初始单元与二级单元具有一定的关联性，毫不相关的两个单元是无法进行财务风险传导的。财务风险载体是证明两个单元之间相关的直接体现。

只有上述条件同时具备，才能引发多米诺效应。

财务风险在由初始环节向下一个功能环节传导过程中，会受到多种因素的影响，这些影响因素能够加快、减缓甚至阻止财务风险的传导，主要包括相关性、环境和被传导单元的风险预控措施。从财务风险在企业内部传导视角来看，业务相关性是指财务管理活动各环节之间的相关性，即筹资环节与投资环节、投资环节与营运环节、营运环节与收益分配环节、收益分配环节与下一轮筹资环节之间的相关性，相关性越大，传导越快。

从财务风险在企业与外部企业传导视角来看，业务相关性是指企业与供应链上其他企业之间的相关性，相关性越大，传导越快。环境包括政策环境、技术环境等，环境的突变可能加快财务风险的传导，也可能突然中止财务风险传导。被传导单元的风险预控措施可能减弱和化解初始财务风险，也可能由于不当而使初始财务风险变大。财务风险的传导过程和能量的传导是一样的，从某个单元到被传导单元风险能量由于上述因素的存在而处于动态变化中，将风险变化系数定义为风险扩散系数，用δ_0表示，业务相关性为a，环境为b，被传导单元的风险预控措施为c，那么有：

$$\delta_0=f(a,b,c) \tag{2-2}$$

由此可得二次风险：

$$X_1=X_0\times\delta_0 \tag{2-3}$$

综合以上所述，企业财务风险传导多米诺效应的初始传递模型为：

$$\begin{cases} H=\{h_1,h_2,h_3,\cdots,h_n\} \\ X_0=f(h),h\in H \\ X_0\geqslant Y_0 \\ \delta_0=f(a,b,c) \\ X_1=X_0\times\delta_0 \end{cases} \tag{2-4}$$

（二）企业财务风险传导的耦合效应

1. 财务风险传导耦合效应的运行机理

耦合作为物理学概念，是指两个或两个以上的体系或运动形式通过各种相互作用而彼此影响的现象。例如，在两个单摆之间连上一根弹簧，那么它们的振动就会产生相互作用，这种相互作用被称为单摆耦合。如果再加上一根弹簧连上第三根单摆，它们的振动和相互作用又会发生新的变化。同理，在企业财务风险传导过程中，由于企业各财务节点之间存在功能关系和利益关联关系，加上不同风险性质的匹配关系，从而导致各财务风险子系统在传导过程中相互影响、相互作用，最终改变了传导过程中财务风险的风险流量和风险性质。这种现象被称为财务风险传导中的耦合效应。耦合因为作用的形式不同，在财务风险传导过程中呈现出的耦合形态也不同，从而对财务风险在企业传导产生不同的影响。企业财务功能节点间的关联度和财务风险性质间的匹配度，是决定财务风险传导效应不同形态的两个重要因素。

综上所述，在研究企业财务风险传导这个经济系统运行机理的过程中，如果把企业财务风险视为一个由许多财务风险子系统组合而成的复杂财务风险系统，则某一时刻整个企业财务风险传导系统的风险状态取决于系统中各财务风险子系统的存在方式和耦合程度。

假设一个企业在生产经营过程中面临各种财务风险，可以用方差来描述该企业所存在的财务风险状态：

$$\delta^2=\sum_{n}^{i}\sum_{n}^{j}k_ik_j\delta_i\delta_j\rho_{ij} \qquad (0<k<1) \tag{2-5}$$

式中：δ^2 ——企业所面临的财务风险状态；

δ_i ——财务风险子系统 i 的风险状态值；

δ_j ——财务风险子系统 j 的风险状态值；

k_i ——财务风险系统 i 在整个风险子系统组合集中的权重；

k_j ——财务风险系统 j 在整个风险子系统组合集中的权重；

ρ_{ij} ——财务风险子系统 i 和子系统 j 的相关程度。

相关系数 ρ_{ij} 反映了两个随机变量的相关程度，对企业的整体风险而言，相关系数反映了在企业财务风险传导过程中各种财务风险之间的相关程度和耦合程度，即各个财务风险子系统之间的相互作用力系数。它是由企业功能节点间的关联度和财务风险性质匹配度决定的。相关系数的大小也决定了企业财务风险传导的速度、强度和传导时间。

2. 财务风险传导耦合效应的实现机制

在企业财务风险传导过程中，由于财务关系网络中各节点企业或财务环节存在直接或间接的关系，从而导致各节点在财务风险传导过程中相互影响、相互作用，最终使财务风险的性质和强度在传导过程中发生改变。所以，根据财务风险传导的最终风险强度是否可以改变，可将财务风险传导耦合效应分为纯耦合效应、弱耦合效应和强耦合效应。

如果相关系数ρ_{ij} =0，这说明两个子系统之间不相关，财务风险耦合程度几乎为零，此时风险子系统与风险系统子系统j两者在传导过程中相互独立，互不影响，整体风险值不变。财务风险传导产生的是1+1=2的效应，为纯耦合效应。企业财务风险流量和强度在传导过程中不会发生很大变化，或者只在一个微小的区间波动。

如果相关系数$\rho_{ij}>0$，这说明两个子风险系统之间呈正相关，财务风险传导产生的是1+1＞2的效应，为强耦合效应。此时风险子系统i与风险子系统j在传导过程中相互促进、相互叠加，耦合达到一定程度甚至有聚类突变产生新的财务风险的可能，由于受内外部因素的影响，财务风险的正耦合效应使得财务风险通过传导路径产生逐级放大效应。当耦合效应达到一定阈值时，财务风险的性质和强度就会发生质的变化。

如果相关系数$\rho_{ij}<0$，这说明两个子系统风险之间呈负相关，风险耦合程度低，此时风险子系统i与风险子系统j在传导过程中互相阻断和减弱，财务风险传导产生的是1+1＜2的效应，为弱耦合效应。耦合后的企业整体财务风险状态小于耦合前企业整体财务风险状态。在财务风险传导过程中，如果企业及早发现财务风险可能发生传导，积极采取相应措施，切断财务风险传导的路径，财务风险的强度就会逐渐减弱，呈现财务风险传导的弱耦合效应。

第二节　现代企业财务风险传导模型构建

一、企业财务风险传导仿真工具与建模步骤

（一）企业财务风险传导中系统动力学的适用性

系统动力学是基于系统论，汲取控制论、信息论、决策论和仿真技术等理论与技术的精髓加以综合应用，形成的一种跨学科方法论。系统动力学对问题的理解，是基于系统行为与内在机制间相互紧密的依赖关系，通过对系统简化、变量假设和参数模拟，从局部到整体、从上到下、从内到外逐步发掘系统内在变化的因果关系，并运用函数方程式建立数

学模型，再通过计算机仿真模拟获得的。

系统动力学引入财务风险传导系统中有如下优势：

第一，企业的各项财务活动属于动态、复杂且非线性关系，需要逻辑判断与大量数学运算，系统动力学采用微分方程的观念建立动态模型，方程中的变量随时间演进而变化，并包含表函数、逻辑函数、特殊函数及时间函数等，能有效地处理财务风险传导系统的复杂动态问题。

第二，系统动力学适用于对数据不足的问题进行研究。建模中遇到数据不足或某些数据难以量化的问题，由于系统动力学结构是以反馈环为基础，多重反馈环的存在使系统行为模式对大多数参数不敏感。即使个别数据缺乏，系统行为在误差范围内仍可实现相同的模式。

第三，企业财务风险传导受企业内、外部环境及行业特性的影响，需作敏感性分析和情境分析，通过系统动力学动态模型的模拟，改变模型的财务风险变量参数及变量初始值，可进行环境条件的假设、不同情境下的敏感性分析及财务指标间的相互影响。

（二）企业财务风险传导中系统动力学的特征

企业将系统动力学应用于企业财务风险传导中，不仅因为系统动力学具有独特的优势，还在于企业财务风险传导具有系统动力学的基本特征，主要表现在以下方面：

1. 复杂性

在复杂多变的市场环境下，企业财务风险传导系统的构成要素众多，包括资产、负债、所有者权益、收入、费用、利润和现金流量等关键要素，这些要素之间相互关联、相互影响，具有复杂的相互依存关系，产生复杂的财务风险传导路径。

2. 动态性

企业财务要素既包含资金存量（如应收账款），又包括资金流量（如应收账款周转率）。企业财务活动的总体是由资金存量与资金流量交织而成，因而，企业财务风险传导研究既要关注资金处于某一时点的状态，也要着眼于资金流量。财务风险传导系统既包括反映存量的变量，也包括反映流量的变量，以资金动态的流转过程为基础。

3. 反馈性

企业财务风险传导的结构是以反馈环节为基础的，因而在财务风险传导过程中存在多重反馈环。

一方面，企业资金流转的起点和终点都是现金，而其他资产都是现金在流转过程中的各种不同的转化形式。另一方面，企业财务系统内部存在多种正反馈环和负反馈环，比如企业现金增加，对内投资增加，生产能力增加，生产量增加，销售量增加，利润增加，现金增加，形成一个正反馈环；再如企业应收账款周期延长，客户增加，销售量上升，销售收入增加，应收账款增加，现金减少，应收账款收款周期缩短，这是一个负反馈环。企业财务风险传导系统中还存在许多这样的反馈环。

4. 时滞性

财务风险传导系统的风险源和风险结果在时间上存在较长的延迟，因而，企业在财务活动中所采用的某些看似合理的策略，可能会导致产生财务风险，以及经营成果和现金流量的不稳定。例如，在现金—材料—在产品—产品—应收账款—现金的各个环节之间的转换需要一定的时间，而且在材料、产品库存、应收账款等节点上也需要一定的时间停滞。

（三）企业财务风险传导的仿真建模步骤

系统动力学模型是对真实系统简化的结果，任何模型都不是完全正确的。但只要模型在既定的条件约束下能有效接近真实系统，完成既定条件下的目标，就可以说由此构建的模型是有效的。系统动力学可以将真实财务风险传导系统的结构用动态的试验模型表示出来，并进行仿真运行，得到的仿真结果可以作为参考反馈信息来指导对所建模型的修正并改进，或重新调整要素关系，进一步改善模型和要素关系，直到所构建的模型更接近财务风险传导实际情况并满足要求。这个循环过程就是系统动力学的建模步骤。

一个完整的系统动力学模型应该包含的元素有：系统变量（含常量、流率变量、水平变量、辅助变量等）、因果关系图（含因果关系、因果键、反馈环）、系统方程式、系统动力学流图。

对于基于系统动力学的企业财务风险传导仿真的建模步骤可以分为以下五个步骤：

第一步，明确建模目的。明确建模要研究的问题和要解决的问题。财务风险传导模型要研究的问题是探索财务风险的传导路径，要解决的问题是通过所构建的模型采取控制财务风险传导的措施。

第二步，界定系统边界。确定研究问题的范围，财务风险传导系统主要包括影响系统运行的所有重大因素，比如外部环境和内部因素。影响企业财务风险传导的外部环境主要包括资本市场、原材料市场以及产品市场。影响企业财务风险传导的内部因素主要包括筹资活动、投资活动、经营活动、利润分配活动和现金净流量流转。

第三步，分析系统结构。研究系统与组成部分之间的关系，分析系统的反馈结构和层次结构，最终勾绘系统中各变量间的因果关系和反馈回路、形成因果关系图。因果关系及反馈回路图是对系统问题的定性描述，是后续建模仿真得以实现的基础，包括所研究系统问题的主要相关变量确定及各变量之间的因果关系及反馈回路结构的确定。企业财务风险传导模型内部主要分析筹资活动现金流转、投资活动现金流转、经营活动现金流转、现金净流量流转、内部各自的因果关系图与反馈回路，还分析各子系统相互之间的因果关系图及反馈回路。

第四步，建立系统动力学模型。运用系统动力学语言对因果关系图进行流位流率图的转化，建立相应的系统动力学方程。此外，还需要利用趋势外推法、线性回归法和参数估计法等确定模型的参数值，建立系统动力学流图。系统动力学流图是根据因果关系反馈而成的，包括系统动力学详细流程图的构建及系统结构的数学或逻辑关系的确定。

第五步，模型应用。对所构建的模型仿真模拟，并通过单位一致性、模型有效性、历史性来检验模型的真实性与有效性。通过对结果的分析，可以发现模型的缺陷与不足，确定是否对模型进行必要的修正。然后将修正后的模型应用于实际，根据仿真测试结果提出对策和建议。企业财务风险传导仿真模型的检验和应用的数据主要来源于企业财务报表和调研所得。

二、企业财务风险传导子系统的因果关系

“时代的发展推动经济的发展，市场经济越来越复杂，企业受外部环境与内部环境的影响，加剧了企业内部理财系统的风险，由于财务风险的特殊性，其会在企业各部门之间进行传导，不仅影响了其经济效益，同时也制约了企业长期的发展。”（李建浩，2018）根据财务风险传导过程中各主要变量之间的联系，企业可进一步探索和分析筹资活动风险传导、投资活动风险传导、经营活动风险传导、利润分配活动风险传导的具体传导路径。

（一）筹资活动风险传导路径

筹资活动是指导致企业资本及债务和结构发生变化的活动。资本包括实收资本，债务指对外举债，包括向银行借款、发行债券和偿还债务。企业筹资活动子系统的主要因素包括吸收投资、长期借款、短期借款、借款利息、支付股利、融资政策和现金等。

企业的短期负债所占总负债的比重对企业的影响不可小觑。如果公司使用了较多的短期资金，流动负债比重较高，在一定程度上会降低企业还债的资金成本，有利于提高盈利水平，但企业可能将短期借款进行固定资产投资，由于固定资产回收期长，而流动负债要求较短的偿还期限，在这种情况下，企业会产生无法按时还本付息的财务风险，严重时会濒临破产。

企业筹资子系统的主要因素包括：长期借款、短期借款、借款利息、资本结构、资本成本率、资产负债率等。

筹资活动财务风险传导路径为：

（1）借入资金效益不高→经营现金不足→短期借款增加→利息增加→企业不能按期还本付息。过度依赖贷款、较大幅度增加贷款只能说明企业资金周转失调或盈利能力低下。由于借入资金严格规定了借款人的还款方式、还款期限和还本付息金额，如果借入资金产生的效益不理想，导致企业的经营现金不足，企业为了维持正常的生产经营，只能向银行申请更多的短期借款，如果企业继续经营不善，营业利润不足以支付利息费用，则不仅股东收益化为泡影，还要用股本支付利息，严重时甚至丧失偿债能力，被迫宣告破产。另外，

中小企业一般喜欢“借短用长”。正常情况下，大量借入短期借款并滚动续借长期使用的模式毫无问题，但一旦爆发金融危机，或者企业突然发生经营危机，银行不愿意继续借用，企业的资金链条就会中断，面临倒闭风险。金融危机期间，我国曾有很多中小企业就是因为借不到短期借款而倒闭。

（2）资金使用效果低→投资者的投资报酬率降低→企业股票价格下跌→资金成本上升。所有者投资属于企业的自有资金，不存在还本付息问题，风险在于其使用效益的不确定。股息上升会让投资者对公司有好的前景而产生良好印象，股息下降会让投资者对公司无力支付股息而产生不良印象，因此，股息与股价的涨跌方向大致是一致的。正是由于资金使用效果不确定，使得投资者投资这一筹资方式具有一定的风险性。具体表现在如果企业资金使用效果低下，无法满足投资者的投资报酬期望，进而引起企业股票价格下跌，加大筹资难度，使企业资金成本上升。

（3）利率上升→短期借款利率上升→利息费用增加→利润下降。企业负债经营受金融市场的影响，例如负债利息率的高低就取决于取得借款时金融市场的资金供求情况，而金融市场的波动会导致企业产生筹资风险。当企业的筹资方式以短期借款方式为主时，如果遇到金融市场紧缩、银根抽紧，短期借款利率会大幅上升，导致利息费用增加、利润下降，情况严重时，有的企业由于无法支付高涨的利息费用而破产清算。

（二）投资活动风险传导路径

企业投资活动按投资方向和范围可分为对内投资和对外投资。对内投资是指把资金投放在企业内部，购置各种生产经营用资产的投资。对外投资是指企业以现金、实物、无形资产等方式或以购买债券、股票等有价证券方式向其他单位投资。投资子系统的主要因素有长期投资、短期投资、投资收益、固定资产投资、无形资产投资、销售收入和利润。

在投资活动风险传导路径中，风险源是外部市场环境和投资收益率，关键要素是新增固定资产和对外投资，风险结果是利润下降。

（1）产品市场占有率不高→固定资产工作量不饱和→固定资产闲置→管理成本高。固定资产在企业资产总额中一般占有较大的比例，特别是制造行业，固定资产是企业生产经营活动不可或缺的重要物质保证。在企业新增固定资产后，如果企业能保持较好的盈利水平，企业利润不因固定资产折旧的增加而下降。但是如果市场环境、技术保障等方面发生重大不利变化，新增固定资产由于闲置等原因未能实现预期收益，则企业存在因为固定资产折旧大量增加而导致利润下滑的风险。

（2）投资收益率下降→投资收益下降→利润减少→现金减少。投资收益率反映企业对外投资的收益能力，当该比率明显低于公司的净资产收益率时，说明其对外投资是失败的，应改善对外投资结构和投资项目。当公司的投资收益率下降时，投资收益会随之下降，同时利润会减少，现金也会减少，加大了企业整体财务风险。例如企业买入债券，其价格受银行存款利息的影响，当银行存款利息上升时，投资者就会将资金存入银行，债券价格会随之下跌，投资者的投资收益率和利润都会下降。

（三）经营活动风险传导路径

1. 销售与收款子系统

销售与收款子系统是经营活动现金流量分析的重要组成部分，是企业实现现金流入的主要表现形式，也是受市场波动影响最大的部分，销售与收款子系统主要因素有销售量、销售收入、应收账款、收款政策和现金。

销售与收款财务风险传导路径如下：

（1）收款周期延长→客户数量增加→销售量上升→销售收入增加→应收账款增加→坏账损失和收账费用增大→利润和现金减少。较长的收账周期会吸收掉很多现金，当企业现金余额由于客户的延迟付款而逐渐减少时，较长的收账期就会成为企业严重的财务问题。近年来，由于商业银行对贷款的发放持谨慎态度，企业越来越难从商业银行获取资金，为了解决资金短缺问题，企业只好求助于合作企业，因此有合作关系的企业间的相互赊欠越来越多。企业为了获得更多的市场占有率，只能延长收款周期，这样愿意购买企业产品的客户数量就会增加，产品的销售量会出现大幅上升，企业的销售收入增加，但同时企业的应收账款也增加，随之发生坏账损失的可能性越来越大，收账费用和坏账金额增加，导致企业资金周转困难，若应收账款无法收回，还要使企业蒙受损失，最终构成企业销售与收款子系统财务风险传导路径。

（2）市场需求量降低→产品销售量下降→销售收入减少→利润下降。大多数企业将产品销售量的下降仅看作销售问题，会通过调整产品品种或调整价格来解释，而不考虑财务问题。事实上，产品销售量的下降会给企业带来严重的财务风险。由于受行业竞争日益激烈或市场整体需求减小等外部因素的影响，企业生产的产品销售量下降，销售收入减少，利润下降。

2. 采购与付款子系统

采购与付款子系统因果分析是经营活动现金流量的一部分，主要是从应付账款的角度对企业在经营活动中的现金流进行分析。采购与付款子系统以现金流出为主要分析对象，以应付账款为具体的现金流出形式，包括采购量、采购价格、采购金额、应付账款、采购策略、付款政策、与供应商的合作关系等。在日常运营中，企业如果重视与供应商的合作关系，与供应商结成战略联盟，就可以采取更加灵活的采购政策。

企业采购与付款活动主要是与供应商之间展开的关于原材料单价、付款期的博弈。企业采购与付款财务风险传导路径如下：

（1）原材料采购量增加→原材料采购金额增加→现金流出增加→现金减少。存货作为流动资产中的重要项目，占用了企业大部分的流动资金，原材料作为存货的主要构成之一，是企业财务风险控制的重要对象。原材料缺乏将导致企业无法进行正常的生产经营活动，但存货过多又会占用大量的资金，使企业承担高额的资金成本，并相应增加存货的储存成本和管理成本，从而导致成本上升、利润空间缩小。

（2）原材料单价上涨→原材料采购金额增加→现金流出增加→现金减少。近年来，各种原材料价格不断上涨，使企业承担的成本越来越重。虽然原材料价格上涨造成企业生产成本加大，但是企业不能通过直接提升产品价格来保证一定的利润，因为消费者不会为此埋单。根基雄厚的大企业还能承受得住原材料价格上涨带来的压力，而根基不稳的中小企业则因原材料上涨而负重前行。当原材料价格上涨时，企业采购原材料的金额会增加，随之现金流出增加，现金减少，给企业带来营运资金不足的风险。

（3）经营现金不足→现购比率降低→应付账款增加。这是一条企业主动传导财务风险的路径，也就是企业通过转嫁降低自身的财务风险。当企业采购的原材料单价上涨或销售收入不理想时，出现经营现金不足的状况，此时企业为了保证经营活动有足够的现金，会与供应商谈判尽量延长应付账款的支付时间，将一部分风险转嫁给供应商。

（四）利润分配活动风险传导路径

第一，净利润不足→留存收益不足→股息减少→股价降低→投入股本减少→筹资成本升高。当企业净利润不足时，此时留存收益随之不足，企业为了降低财务风险，采取低股利支付政策，投资者没有得到应有的收益，则导致股价下跌，投资者投入股本减少，企业不得不加大借款力度，筹资成本升高。

第二，现金不足→现金与留存收益比率降低→股利支付率下降→股息减少→股价降低→投入股本减少→筹资成本升高。当企业净利润较可观，但存在大量应收账款不能及时收回时，虽然账面利润较高，但存在现金不足的问题，为了缓解现金不足的问题，企业采取低股利支付政策，导致投资者对企业投资的信心减少，甚至会出现股价下跌，投资者投入股本减少的情况，此时企业不得不通过向银行借款的方式筹资，从而增大筹资成本。

三、企业财务风险传导系统的模型

（一）以应收账款为风险源

应收账款占流动资金的比重大，逾期应收账款比例畸形膨胀。我国应收账款问题比较严重，应收账款占流动资金的比重过大，逾期应收账款比例高。应收账款成为我国企业最大的财务风险源之一。

大量的应收账款不仅减弱了企业的短期偿债能力，而且随着现金流量的减少，又影响企业的支付能力、偿债能力和周转能力，使得一些企业看似有良好的盈利状况，实则有利润却无资金，有可能导致资金链断裂，引发财务危机。

第一，赊销增多→应收账款增多→经营净流量减少→现金存量减少→加大无法按时偿还本息的筹资风险。这是一条经营活动风险传导至筹资环节的路径。企业为了抢占市场、扩大销售，通常采取更多赊销额度的销售来吸引客户，扩大其市场份额。此时企业虽然产生了较高的账面利润，但忽视了大量被客户拖欠而不能及时收回的流动资金。伴随着坏账的增多，企业经营净流量减少，现金存量减少。在正常的生产经营中，企业当期取得的现金收入，首先应满足生产经营活动的基本支出，如购买货物和劳务的支出，缴纳税金等支出，然后才能满足偿还债务的现金支出，包括偿还债务的本息，因此，分析企业的偿债能力，首先应看企业当期取得的现金收入，在满足了经营活动的基本现金支出后，是否还有足够现金偿还到期债务，因而，企业现金存量减少无疑加大了不能按时还本付息的筹资风险。

第二，赊销增多→应收账款增多→经营净流量减少→现金存量减少→放弃好的投资项目→销售额降低。这是一条经营活动风险传导至投资环节的路径。企业通过赊销不断扩大销售，随着销售的增加，应收账款不断膨胀，应收账款的增加直接影响企业的现金流量。企业的投资活动是销售额增长的主要推动力量，投资行为的发生需考虑企业当前的现金存量，当现金存量与投资所需资金相差过多时，基于财务风险的考虑，即使遇到好的投资项目，企业也会放弃。

第三，赊销增多→应收账款增多→经营净流量减少→现金存量减少→应付账款增加。现金流量的减少直接影响企业的支付能力。企业占用供应商资金不是在任何情况下都有利的，只有当企业的应收账款周转期和存货周转期之和小于应付账款周转期时，企业占用供应商的资金才有利于企业提高资金的使用效率，以应对赊销对企业应收账款周转的影响，将部分风险转移给供应商。但企业应将应付账款的风险控制在可承受范围内，否则，过多地占用供应商资金将降低企业整体资金使用效率，应付账款融资不仅不能提高企业的收益水平，而且将加大企业的应付账款风险。

第四，赊销增多→应收账款增多→坏账增多→主营业务利润减少。正常情况下，主营业务利润是企业的主要利润来源，应收账款直接影响主营业务利润。主营业务利润是公认的评价企业经营业绩的核心指标。如果主营业务利润大，则说明企业主业突出，经营业绩好。大量的应收账款会使主营业务利润存在潜在损失的风险，如果客户无力偿还债务给企业带来的坏账，企业即使拥有再好的账面利润也只是一种假象。在企业财务安全价值体系里，有一项财务指标和业绩密不可分，这项指标便是应收账款的坏账计提准备。应收账款一般以“欠条”的形式存在，为了安全起见，企业必须为其做坏账计提，因此利润被侵蚀。

第五，赊销增多→应收账款增多→利润虚增→投资者决策失误。利润的计算公式是“利润 = 收入 - 费用”，这里的收入主要是指形成应收账款的主营业务收入。应收账款的产生意味着企业主营业务收入没有形成现金流入，因此，在应收账款收回之前，企业实现的利润只是账面利润，而不是现实利润。如果投资者只看到企业利润表上亮丽的利润数据，而不对其进行深入剖析，则无法正确全面地分析企业的经营状况。如果投资者仅凭表面账务数据作投资决策，极有可能陷入盲目投资的境地，因决策失误给自身带来损失。

（二）以原材料价格上涨为风险源

第一，原材料价格上涨→产品生产成本增加→利润减少。在目前大部分产品处于供大于求的买方格局形势下，原材料生产成本的增加并非意味着价格随之上扬，并非所有原材料价格上涨都通过产业链条传导至最终消费品的价格上。近年来，受产品生产成本增加以及价格下跌双重压力的影响，很多制造型企业的利润大幅下降。

第二，原材料单价上涨→原材料采购金额增加→经营活动现金流出增加→经营活动现金流量不足。很多企业经营性现金流大幅减少的重要原因是原材料成本支出的扩大。在紧缩政策的影响下，企业贷款难度逐渐增加，而原材料价格的不断上涨，导致大量现金涌向生产链的上游，企业出现经营活动现金流量不足的现象。

（三）以销售量下降为风险源

第一，销售量下降→存货增加→现金周转速度减慢→经营活动现金流量不足。企业产品销售不畅导致产品积压，存货增加，存货增加导致企业现金周转速度有所减慢，对营运资金的需求量增加。如果企业此时没有足够的现金储备或借款额度，原有的营运资金就无法满足企业正常生产经营活动的需要，引发经营活动现金流量不足的问题。

第二，销售量下降→存货增加→营运资金不足→增加短期借款→加大偿债风险。在企业日常生产经营活动中，产品销售量下降引发存货增加、营运资金不足的问题，某些企业采用向银行申请短期借款等方式弥补营运资金缺口，造成企业流动负债大幅增加，偿债能力明显下降，加大了企业不能按期还本付息的风险。

第三，销售量下降→销售收入下降→营业利润下降。外部市场环境整体恶化或企业促销力度不够等因素造成产品销售量下降，企业销售收入随之减少，销售收入是企业营业利润的主要来源，因此，企业营业利润也会随之下降。

（四）以利率上升为风险源

利率上升→短期借款利率上升→利息费用增加→利润下降、现金存量减少。企业负债经营受金融市场的影响，如负债利息率的高低就取决于取得借款时金融市场的资金供求情况，而金融市场的波动会导致企业产生筹资风险。当企业的筹资方式以短期借款方式为主时，如果遇到金融市场紧缩、银根抽紧，短期借款利率会大幅上升，导致利息费用增加，利润下降，情况严重时，有的企业由于无法支付高涨的利息费用而破产清算。

（五）以投资失误为风险源

第一，投资失误→无法取得投资回报→加大偿债风险。企业投资活动的现金流入主要来自负债融资，因此，当企业投资失误，投资活动现金流出得不到回报时，企业偿还债务所需的资金来源失去保障，从而加大偿债风险。

第二，投资决策失误→投资项目资金需求增加→挪用运营资金→加大主营业务风险。企业投资决策出现失误，投资项目资金需求量超过原计划，致使企业不得不继续追加投资，因而存在挪用营运资金的现象。维持企业正常生产经营活动的资金一旦被挪用，必将对主营业务的开展产生不利影响，加大主营业务风险。

第三节　现代企业财务风险传导的评价与管控

一、现代企业财务风险传导的评价方法

“企业的财务关系网络以利益为联结纽带，而财务风险则以利益链作为载体，通过这个财务关系网络，在企业中进行传导。”（史文红，2015）企业财务风险传导的要件一般包括风险源、风险事件、风险阈值、传导路径、传导载体以及传导的风险结果。风险源是企业财务风险传导的源头和起点，风险源风险状态的大小直接影响企业财务风险传导最终结果的持续时间、强度和频度。

综合评价法又称多变量综合评价方法，是指运用多个指标对被评价对象进行综合评价的方法。其基本思想是将多个指标转化为一个能够反映被评价对象综合情况的指标。风险综合评价是综合衡量所有风险因素对企业战略目标的实现程度，考虑各种风险因素综合起来对企业整体的影响。

常规的综合评价方法包括总分评定法、指数法、功效系数法、最优值距离法和排队计分法等，这些方法都有自己的适用范围和对象，其优点是简单、稳定、直观，其缺点是不能评价具有复杂特点的对象，特别是当评价对象具有模糊性、随机性时，其评价效果就会失之偏颇。针对传统综合评价方法，现代应用较为广泛的综合评价方法主要有主成分分析法、数据包络分析法、模糊综合评价法等。这三种综合评价方法比较如表 2-1 所示。

企业财务风险主要由将来的不确定性引起，包括外部的不确定性以及内部的不确定性，财务风险传导的结果很难用数字精确描述，即企业财务风险传导具有随机性和模糊性，导致财务风险传导所有影响因子风险存在的状态也具有随机性和模糊性，因此，企业采用模糊综合评价方法对财务风险传导进行综合评价，可以更准确地反映财务风险传导影响因子

风险状态的本质和整体发展变化的特性。

表 2-1 综合评价方法比较

方法名称	优点	缺点	适用对象
主成分分析法	降维处理变量	综合评价函数意义有时不明确	主成分具有代表性的对象
数据包络分析法	处理大量数据	主要用于定量数据分析	数据量大的对象
模糊综合评价法	定量和定性相结合	选取关键指标难度大	具有模糊性和随机性特点的评价对象

二、现代企业财务风险传导的管控策略

（一）加强财务风险源管控

1. 筹资风险源管控

（1）认真分析筹资活动中的宏观环境。企业在筹资活动中受宏观环境的影响极大，因此，为了预防筹资风险，企业应对宏观环境进行仔细研究分析，把握变化趋势及规律，适时调整财务管理政策，以适应外部宏观环境的变化，由此降低因外部环境变化给企业带来的筹资风险。

一是防范利率变化给企业带来的筹资风险。企业不能直接干预国家的宏观经济政策，只能适时做出积极反应。在金融利率变动相对频繁的形势下，企业向银行贷款时，应认真研究资金市场的供求状况以及国家政策，把握利率的走势，做出相应的筹资安排。当利率较高时，企业尽量少筹资或只筹措急需的短期资金；当利率较低时，企业筹资较为有利。当利率处于高水平向低水平过渡时期，企业应少筹资，对必须筹措的资金，应尽量采用浮动利息的计息方式；当利率处于低水平向高水平过渡时期，企业应尽量采取固定利率的计息方式以保持较低的资金成本。

二是防范汇率变动给企业带来的筹资风险。企业面向国际资本市场筹资，不免会遇到汇率变动的问题。当面临汇率变动带来的筹资风险时，企业可以采取的措施有：首先，根据货币供求状况的变化找出汇率变动的内在趋势，并据此制定相应的外汇管理体制；其次，在预测汇率变动的同时，企业应采取具体措施来防范汇率变动带来的筹资风险，包括合理安排债务的币种结构，不要将债务集中于某一种外币，合理安排借债和还债的时间等。

（2）合理确定财务结构经营风险。在企业筹资管理活动中，合理确定一定时期的筹资额是一项重要内容。企业一方面要筹集到足够的资金以满足生产经营的需要，另一方面还要注意筹集的资金不能过多，以免产生闲置资金，降低资金利用效率的同时又增加了企业的债务负担。因此，企业在确定债务比例时，要权衡举债经营可能带来的财务风险，还要考虑债务清偿能力，尽量做到资金的筹资量与需要量之间的平衡。

（3）选择适当的筹资时机。能否把握筹资时机，不仅会影响筹资的成本，还关系到

筹资的风险。企业在选择筹资时机时，要考虑到企业自身的财务状况、企业的股票行市以及企业未来的现金流量。

（4）拓宽筹资渠道。我国大多数企业的筹资渠道单一，多是以银行贷款的间接金融为主，要想降低筹资风险，企业需要形成多形式、多渠道的筹资格局，发展直接金融的企业债券市场。

2. 投资风险源管控

（1）加强投资项目的预测决策水平。企业应建立科学的投资决策机制，运用正确的投资决策方法进行决策。在投资决策过程中，企业应深入实际，积极搜集相关资料，尽量掌握准确的投资信息，并对投资项目的技术可行性、经济合理性进行严密的科学论证。为了提高财务决策的科学化水平，企业应充分考虑影响投资决策的各种因素，尽量采用定量与定性相结合的分析方法，并运用科学的决策模型进行决策，从各种可行性方案中选择最优方案。

（2）通过控制投资期限、投资品种来降低投资风险。企业在进行证券投资时，应采取分散投资的策略，选择若干种股票组成投资组合，以降低投资风险。

（3）加强对投资项目的论证。对新投资项目：一是要进行充分的可行性论证。对投资的领域、行业以及投资时间、方式，都要进行充分的可行性论证，同时还要结合该项目的发展前景、投资成本、投资回收期、投资报酬率等进行综合考虑，以避免投资风险。二是投资规模要适度，资金投向要合理配置，不能盲目扩大投资规模。

3. 营运资金风险源管控

（1）对应收账款加强管理。深入调查客户的资信情况，建立严格的赊销审批制度。企业应对客户的资信情况进行深入调查，搜集大量相关资料，并综合运用定性分析法和定量分析法对资料进行仔细研究，以确定对哪些客户可以采用赊销的销售方式，将客户的资信情况分为不同级别，给予赊销的额度与企业的资信级别相挂钩，以此防范因应收账款收不回来而发生坏账损失。同时，企业还可以制定应收账款的回收与销售人员经济利益相挂钩的制度，使各销售人员负责自己所实现的销售额，以此将应收账款回收的任务落实到个人，防止销售人员为完成销售任务而大量赊销产品。

（2）加强对存货的管理。

首先，计提存货跌价准备。随着市场竞争日趋激烈，供求关系不断变化，企业的存货风险也有所增加。因此，企业应对存货的进出和库存进行日常核算，及时核算由生产部门送交的领料单、采购部门送交的收料单以及由销售部门送交的领货单，登记存货总账与明细分类账，定期将账本与仓库进行核对。同时，为了保证企业正常生产经营活动的进行，企业财务管理还要定期检查存货的账面价值，以便及时了解由于存货跌价所造成的损失。在资产负债表中，如果存货的可变现净值低于其账面价值，则需按照其可变现净值与账面价值之间的差额来计提存货的跌价准备，并将其计入资产减值损失，以防止存货风险对企业的正常运营产生影响。

其次，企业可以运用 ERP[①] 等先进的管理模式加强对存货的管理。通过 ERP 系统对企业的人、财、物、供、产、销等方面进行高效管理与控制。企业还可以引进“即时生产”的生产模式对存货进行管理，所谓即时生产，是一种追求零库存或者库存量很小的生产模式，其核心思想是通过减少库存、降低成本来减少库存风险，最终达到增加企业利润的目的。

（3）协调各职能部门，强化经营中的现金流管理。企业应实现企业财务部门与其他部门有机衔接，其他非财务部门应协助财务部门对现金流进行管理。企业采购、生产经营和销售等部门在进行供应、生产和销售等活动的同时，也应及时与财务部门进行沟通，辅助财务部门对资金周转和现金流进行管理。现金流管理是指在保证现金能满足企业日常生产经营活动需要的前提下，不出现闲置现金，关键是要确定最佳现金余额。

（4）重视现金预算管理。现金预算管理着重于规划和控制企业生产经营活动，保障企业经营目标的实现。企业应通过对未来现金流量的预测情况对投资规模、负债比重等因素进行控制，并对未来重大项目的投融资、大额债务的偿还做好规划。日常现金流预算立足于未来现金流情况，通过对日常现金流安排，防止企业资金链的断裂，保障企业生产经营活动正常进行。

4. 收益分配风险源管控

收益分配风险，既源于外部环境变化的不确定性，又源于财务管理人员主观认识的局限性，因而是不可避免的。但企业可以根据产生收益分配风险的原因，采取特定措施，对其进行有效控制。

（1）改进会计方法，提升会计反映企业真实财务状况的能力。企业会计记账方式使用不当是造成企业收益过度分配的一个重要原因，因此，企业在使用传统的会计记账方法时，应尽量选择能真实反映企业客观收益状况的会计处理方法，例如运用通货膨胀会计学等会计学界的最新方法。

（2）准确编制外部筹资预算和投资预算。准确预测企业外部筹资可获得资金的数额及其筹资难度，未来投资活动所需的资金及金额，是正确编制企业收益分配预算的前提条件。企业依据外部筹资预算和投资预算编制收益分配预算时，要注意编制的弹性以及外部环境可能发生的变化。

（3）注意收益分配活动对其他财务活动的影响。在资本市场环境中，收益分配的时间、方式和数额往往向投资者传递着某种信息，影响企业未来的筹资活动。因此，企业在确定收益分配政策时，不仅要考虑收益分配自身的因素，还要考虑收益分配政策向投资者传递

① 企业资源计划（Enterprise Resource Planning，ERP），是指建立在信息技术基础上，以系统化的管理思想，为企业决策层及员工提供决策运行手段的管理平台。

的信号以及投资者可能做出的反应，因为这会影响企业未来的筹资活动。

（4）与股东和员工等相关利益者进行沟通协调。收益分配风险产生的一个重要原因是企业不能很好地处理财务关系。当企业不能有效地处理财务关系时，可能会引起股东的不满，进而造成企业未来向股东筹资困难。因此，企业在确定收益分配政策时，应积极主动地与股东沟通协调。

（二）阻滞财务风险传导路径

1. 重点把握传导路径的关键因子

企业财务风险传导系统是一个动态复杂性系统，系统要素众多，系统结构复杂交错，传导路径错综循环，如果不能准确确定财务风险控制的关键变量，就不能抓住系统的主要矛盾和辨析财务风险传导的主要环节。盲目的控制既增大了管控成本，又无法实现管控目标。

（1）根据企业财务风险传导控制要求，确定财务风险传导控制目标变量。明确的调控目标是企业财务风险传导控制能否取得预期效果的关键，也是调控风险因子选择的前提条件。

（2）在调控目标选择和企业实际经营状况的基础上，合理制定财务风险传导控制策略。企业可以从经营实际状况出发，厘清产品销售量、原材料价格、营业成本率、现购比例、现销比例、管理费用率、销售费用率、短期利率等风险因子之间的关系，以及这些因子在财务风险传导中所起的作用。一般情况下，产品销售量和原材料价格是企业财务风险传导过程中的两个关键影响因子，需要重点控制。

控制产品销售量风险因子的主要措施有：一是推进管理机制变革，通过精简销售层级，推进渠道扁平化，精减销售人员，提升市场反应效率；二是聚焦核心市场，开展产品组合，调整结构，严控费用，在重点市场实施大区负责制，确保重点市场销量的稳固与增长；三是推进渠道模式变革，根据区域特点，尝试开展多种渠道销售模式，放开搞活，降费减亏；四是通过投入产出分析，利用精益管理手段，控制销售费用。

控制原材料价格上涨风险因子的主要措施有：一是采购价格控制，根据企业产品的市场销售价格和销售成本情况科学地规划价格区间，尽可能减少采购的中间环节，甚至直接向材料生产商采购，尽量将价格控制到透明化和最低化，同时在一定程度上避免采购人员徇私舞弊；二是采购数量控制，考虑到采购大宗原材料占压资金量太大，企业之间以赊销分期付款等形式提供信用，尽可能在双方信用范围内，延长付款期限，这样就缩短了资金占压时间，缓解了企业的资金压力，还可以运用经济订货批量模型，在采购大宗原材料时在采购费用、采购次数和储存成本之间权衡利弊，科学地计算出一定时期内存货的相关总成本达到最低的采购数量；三是风险转移，建立合理的产品价格与成本联动机制，如针对原材料价格上涨问题建立合理的产品价格与成本联动机制，可考虑在市场可接受的范围内，通过产品提价，适当转嫁原材料价格上涨风险。

（3）加强财务风险传导系统内的因子组合，增强调控力度。任何调控政策都不是完美的，每一种调控因子都有各自适应调控的对象和目标，也都可能对另外一些财务指标产生负面影响，即任何风险因子调控的正负效应并存。由于企业财务风险传导系统是动态且复杂的，传导过程充满不确定性，每个财务指标都受到其他变量的制约和影响，使得任何一个调控目标的实现，都不可能自始至终只对一个风险因子进行调控。因此，企业对不同风险因子进行组合协调，利用组合优势，发挥每个风险因子的积极作用，增强风险因子的调控合力，更快更好地实现财务风险传导的控制目标。企业应结合自身的生产经营与财务状况，探讨出风险因子组合调控的方向。

2 加强财务风险动态监测分析

财务风险传导管控策略不仅要有针对性，还必须具有前瞻性和预见性，不能在出现问题后才采取措施，这样只是事后的补救措施，已经给企业造成损失，而应该在财务风险源还处于萌芽、尚未暴露时就主动出击，制定政策予以控制，将问题消灭于萌芽阶段，保证企业的正常运行。因此，企业建立财务风险动态监测制度是非常必要的，可以提高企业财务部门信息的获取和分析能力，提高企业财务风险的预见性和精确度，并提高财务风险传导的有效性。

守住财务风险传导输入端变量和输出端变量对财务风险传导管控意义重大，但不能忽视财务风险传导过程变量，一旦轻视，很可能管控策略功亏一篑。事实上，财务风险只有经过载体变量的转换才会得以传导，因此，载体变量是财务风险传导管控的关键。各类宏观和微观风险源反复经过载体变量形成一定的中介风险变量，最终形成财务风险输出。因而，财务风险传导过程变量的变化轨迹实际上就是财务风险传导路径，监控过程变量的动态变化，是保证控制财务风险传导的关键。

对过程变量应收账款实施全过程检测的主要措施包括：一是对应收账款实行随时跟踪，并根据应收账款发生的时间长短，定期对欠款客户、欠款金额、逾期时间等进行列表排队、账龄分析和分级管理，及时调整收账策略与方案，以达到减少坏账损失的目的，通过分级管理，还可以使财务管理者清晰地了解每笔应收账款的实时状态，对应收账款的管理更具针对性，也便于对应收账款的额度进行有效控制；二是对应收账款实施计划管理，有助于企业按目标逐渐收回应收账款，有利于企业减少应收账款、增加经营活动现金流量，因此，企业在制订年度计划时，可以设定应收账款回收期和年末余额计划数，当赊销规模接近警戒线时，及时采取措施暂停赊销业务。

现金是企业支付能力最强的资产，是满足企业日常经营支付需求、偿还到期债务本息和履行纳税义务的重要保证。企业持有足够的现金存量是控制财务风险及其传导的基本保证。但持有过多的现金又会造成资源的浪费，因此，为了确定最优的现金存量，企业必须对持有现金的收益和成本进行权衡，具体步骤包括：①搜集企业现金流量的历史数据，分析企业现金构成；②对现金流量历史数据进行统计分析，将其分解为平稳的时间序列项之和，并计算平稳时间序列项的方差；③结合企业实际的经营管理状况，调查企业必要现金留存额、现金的机会成本、缺货成本，决定是否允许现金缺口。

3. 把握财务风险传导的内部运行关系

财务风险传导系统内部要素和环节众多，要素涉及应收账款、应付账款、留存收益、固定资产、现金流量等，环节包括筹资环节、投资环节、经营环节和收益分配环节，而财务风险传导路径上任何一个变量或环节出现问题，都会对传导路径造成某种程度的影响，加速风险传导的速度或加大风险传导的范围，增加了风险传导控制的难度。因此，企业必须从全过程出发，理顺并把握财务风险传导各个要素、环节、路径的关系，更利于财务风险传导的控制。

（1）产品原材料价格上涨对企业销售价格的影响。受宏观环境和政策变化的影响，产品原材料价格上涨会导致采购成本上升，从而使产品利润下降，盈利能力降低。针对这种情况，企业可以建立合理的产品价格与产品成本的联动机制，如原材料价格上涨，可考虑在市场可接受的范围内，通过产品提价，适当转嫁原材料价格上涨的风险。

（2）汇率的影响。针对国外市场受人民币升值影响市场竞争加大的问题，通过在出口合同中加入汇率风险条款，推进跨境人民币结算业务、利用出口信保、采用即期计算方式等方式规避人民币升值对企业造成的影响。

（3）应收账款对利润的影响。针对应收账款风险源导致的坏账会对利润造成不利影响，企业对利润进行分析时不应仅局限于账面利润，还应对主营业务收入中的“赊销收入”进行明细核算，并单独列示于利润表，准确计算和分析当期赊销比率，即应收账款／主营业务收入，赊销比率高，则说明企业当期营业收入中现金流入少，当期实现的利润缺乏货币支撑，同时面临很大的坏账风险，存在无法收回的可能。如果企业当期实现的主营业务收入赊销比率低，利润则比较真实可信。通过分析应收账款总额占利润总额的比率，以评价企业的盈利水平和应收账款管理水平。一般情况下，如果应收账款所占利润的比重过高，说明企业的盈利水平不真实，应收账款的管理水平不高，企业的理财能力不强。

（4）经营活动现金流量对应付账款的影响。当企业采购的原材料单价上涨或销售收入不理想，出现经营现金不足的状况时，企业为了保证经营活动有足够的现金，会与供应商谈判尽量延长应付账款的支付时间，将一部分风险转嫁给供应商。

（三）提高财务风险阈值管控

财务风险流最初蕴含在风险源中，只有当外界环境和内部系统不断变化，导致风险的聚集量超过企业的财务风险承受限度即财务风险阈值时，财务风险流才开始从风险源迸发释放进而对企业产生影响。因此，提高企业的财务风险阈值水平是延缓和控制风险流迸发释放的一种操作性较强的策略。

1. 提高企业财务风险管理柔性

企业财务风险管理柔性，是指企业快速而经济地应对财务活动中由外部环境和内部系统变化所引起的不确定性的能力，这种能力由低级到高级包括缓冲能力、适应能力和创新能力。

（1）缓冲能力。缓冲能力是企业抵御各种财务风险的一种手段，是一种以不变应万变的能力。企业财务系统之所以具有缓冲能力，是因为财务系统储备了缓冲变化的各种资源，包括人力资源、资金资源和实物资源等。例如，企业可以建立偿债资金，当货币资金存量不足以偿债时，可在一定时期以前逐期积累一笔偿债基金，用以保障到期按时还本付息，这样既保障了债务的清偿，又不至于影响企业的正常生产经营活动，这是典型的资金缓冲。同时，为了预防汇率变化给企业带来财务风险也可以建立外汇偿债基金。为了满足连续的生产经营，保证足够的生产资金，企业还可以在经济订货批量的基础上，考虑置存保险储备量，这是典型的实物缓冲。

（2）适应能力。适应能力是指当财务风险开始对企业产生影响时，企业在不改变其基本特征的前提下，做出相应的调整，这是一种以变应变的能力，是企业财务风险管理的有效手段。以变应变的适应能力是企业控制财务风险传导的一种必要手段，在企业无法改变环境的情况下，只能加强其适应能力，才可以根据环境变动调整其财务行为和财务决策，在可控范围内阻止财务风险传导的发生。企业应对财务风险的适应能力主要包括两个方面：一是调整财务策略，即把财务策略看成一个随机变化的动态过程，企业的管理者根据外部环境和内部系统的变化，不断调整和修正财务策略，使之尽量与变化相一致，使得财务策略同样具有动态性；二是财务策略组合，即企业根据不同的实际情况设计出不同的财务策略方案，形成一个备选方案组合，一旦出现财务风险，可以立即选用相应的方案去应对。从企业财务活动的主动性来看，加强企业财务活动的适应能力在本质上还是一种比较消极的应对措施。企业提高财务风险阈值不仅能被动地适应变化，更应具有主动的创新能力。

（3）创新能力。创新能力是企业采用新行为、新举措，影响外部环境、改变内部系统的能力，以达到控制财务风险传导的目的。创新能力的出发点是求变，是一种积极主动地处理不确定性的方法，是企业长期发展的保证。企业应对财务风险进行有效预测，在财务风险发生之前意识到财务风险的类型及影响程度，在此基础上，企业主动采取措施影响或改变财务风险传导的路径或方向，使之朝着有利于自己的方向发展。企业提高风险管理的创新能力不仅能积极应对当下的财务风险传导，还在较长的时间内防止财务风险传导的发生。

2. 避免降低企业财务风险阈值的事件发生

企业治理结构不规范以及财务活动的监督机制不完善都可能降低财务风险阈值。因此，企业应加强规范治理结构以及完善财务活动的监督机制。

企业加强规范治理结构体现在两方面：一方面，应建立明晰的产权结构，只有权责明确，企业的生产经营活动才能正常运行；另一方面，应完善董事会对企业经营者的监督机制，在实施委托代理制度的企业中，“内部人”控制的根本原因是企业经营者的逆向选择和信息不对称因素，因此，董事会应对经营者建立严格的监督机制，包括委托监督机制以及委托责任目标的考核制度等。通过以上机制和系统的建立，董事会可以对企业经营者进行及时的追踪和控制，如果发现经营者的行为给企业带来风险，应责令企业经营者及时纠正不规范行为。另外，由于委托方与代理方之间存在信息不对称和利益冲突的现象，代理人可能做出损害委托人利益的行为，在这种情况下，委托人只有重新调整委托代理关系才能维护自身的权益。

完善企业财务活动的监督机制。企业财务监督机制应该是全方位的，既要保护投资者的利益，又要保证企业利润的实现；既要从企业内部进行监督，又要从企业外部进行监督。对企业财务活动的监督包括管理行业化、审计专业化和管理民主化三个方面。对企业财务活动从开始策划到实际运作的全过程进行全方位监督，企业使股东会议和职工代表大会真正在企业管理中发挥作用。从企业财务活动开始策划到实际运作直至资金的运用进行全方位监督，企业内部的管理实现民主化，使股东会议和职工代表大会真正在企业管理中发挥作用。在企业财务活动过程中，银行、证监会、工商行政等部门不仅要为企业创造便利条件，方便快捷地办理各种审批手续，同时也要对企业的资信状况和发展前景作出科学的评价。

第三章

现代企业财务风险管理与控制研究

第一节 现代企业财务风险管控的原则与方法

一、现代企业财务风险管控的原则

风险管理原则是企业在风险防范和风险管理过程中必须遵循的规则、规范和框架性、总体性要求。在这些要求的指引下，企业在风险管理过程中就不会犯重大错误，可以结合企业自身情况进行个性化设计。

（一）决策优先原则

决策优先原则是指在企业风险防范和风险管理的每一个步骤，都要把科学决策放在优先的位置考虑，都要重视决策的重要性，规范决策流程，提高决策效率。

决策优先原则主要应用于以下方面：

第一，企业在经营管理的各个层面，都要科学决策，把决策的科学性放在最优先的位置考虑。

第二，在风险评估和前期准备阶段，在企业风险管理的前期和后期，都需要谨慎决策，决策一旦失误，就会造成风险或风险的进一步扩大。

第三，企业在风险防范和风险处理过程中，同样需要注意决策的科学性，以免风险的扩大和风险的失控。

（二）生存第一原则

生存第一原则就是要求企业时刻把生存放在第一位，时刻想到可能发生的风险，谨慎决策、稳健经营、稳扎稳打，从而降低风险发生的概率。

企业应该树立“生存第一”的经营理念，企业只有生存下去，才能更好地发展。任何发展阶段的企业、任何规模的企业、任何行业的企业、任何管理水平的企业，都处于各种各样的风险之中，所以风险无时无刻不在，企业要把生存当作日常的第一要务。

生存第一原则要求企业在风险管理过程中做到以下三点：

第一，在思想上时刻树立“生存第一”的经营理念，先生存后发展。

第二，企业在做任何决策时都要留有余地，不仅要考虑到未来的可能收益，还要充分考虑到可能发生的风险。

第三，在平时做好应对各种风险的准备，有备无患。

（三）预防为主原则

预防为主原则就是在风险管理过程中，从认识上到行动上都事先做好防范风险的各种准备，而不是等到风险发生后再采取措施，以求以最小的代价，避免风险的产生，防患于未然。

预防为主原则对企业风险管理有下列启示：

第一，企业要树立预防为主的意识，并把这种意识灌输于每个员工的脑中。

第二，企业要根据自身的实际情况，事先做好风险的诊断与评估工作。

第三，企业要从所有风险中挑选出薄弱环节进行重点防御，兼顾其他。

第四，企业要事先建立进行风险管理的组织准备，完善信息传导机制，拨备一定的预算。

第五，企业要事先进行风险控制和风险防范的演练。

只有做到上述几点，预防为主的原则和理念才算落到了实处。

（四）防微杜渐原则

防微杜渐原则就是在风险管理过程中，预防那些细小的不好苗头，控制其继续发展。

防微杜渐原则的应用具体包括以下四点要求：

第一，在进行风险预警时，要注意那些细小的不良征兆。

第二，在制定风险管理预案时，要从大处着眼，小处着手。

第三，当风险发生时，第一时间进行处理，避免风险的扩大。

第四，当风险点发展成风险时，第一时间采取措施，避免风险的扩大。

（五）快速反应原则

快速反应原则即在风险或风险发生的第一时间采取措施，以求控制风险的进一步扩大，尽最大可能减少风险造成的损失。

快速反应原则的应用具体包括以下四点要求：

第一，企业需要建立风险及风险信息的快速预警机制。

第二，企业需要建立风险及风险信息的快速传递机制。

第三，企业需要建立风险防范的快速反应机制。

第四，企业需要建立风险应对的快速反应机制。

（六）以内为主原则

以内为主原则，即企业在风险管理的各个阶段，都应该立足于自身力量解决，不应当奢求过多地依赖外部力量。

以内为主原则的应用具体包括以下四点要求：

第一，树立“以内为主”的思想，在风险管理过程中不等不靠，积极主动。

第二，在风险发生之前，利用自身的力量，结合企业的实际情况，进行各类风险评估，并找出可能出现的风险点。

第三，依靠自身的力量，制定应对可能发生风险的预案和对策，并建立完善的应急反应机制。

第四，在风险爆发以后，应以自身力量为主，在外部力量的协助下，采取控制风险发展的各种预案和措施，尽可能控制风险造成的损失。

在风险管理后期，也要依赖企业内部的力量，做好风险结束后的各种善后工作。

（七）内外协同原则

内外协同原则是指在风险产生或风险爆发后，企业内部各部门之间以及企业外部各利益关联方之间密切配合、分工协作的过程。

企业内部的协同主要是指企业内部各股东、各分支机构、各部门、各岗位之间的密切配合，各种人、财、物资源的统一调动。

企业外部的协同主要是指包括政府有关部门在内的各利益关联方的协调行动。

内外协同原则的应用具体包括以下四点要求：

第一，在风险评估和前期准备阶段，企业可以请专业机构协助进行风险的诊断和评估。

第二，在风险控制阶段，企业应该调动内部各岗位、各部门人员的能动性，进行风险的化解工作。

第三，在风险爆发阶段，企业应该调动内外部各种资源包括各类服务机构和政府有关部门，进行风险化解工作。

第四，在风险管理后期，企业应该调动内外部资源，进行风险发生后的信心、经营和企业形象的恢复工作。

（八）群策群力原则

群策群力原则，即企业在风险管理过程中应该相信团队的力量，在风险防范和风险管理乃至后期管理的各个环节，都应当紧紧依赖企业团队的经验和智慧。

企业风险防范和风险管理绝不是企业一把手的事情，也不仅仅是高管层的工作，而是全体员工的任务。在具体风险管理过程中，企业应该注意以下三点：

第 ，在决策阶段，企业要紧紧依赖团队的力量，在做重大决策之前，要充分发扬民主，谨慎而全面地调研，先民主后集中。

第二，在建立风险防范体系过程中，企业要充分依赖管理体系的力量，充分发挥管理体系的核心——人的主观能动性和创造性，对所有可能出现的风险，做到早发现、早应对。

第三，在风险出现以后，企业要紧紧依靠企业团队的力量，积极寻找和探索稳妥的风险处理方案，而不能“抱薪救火”，使矛盾进一步激化。

二、现代企业财务风险管控的方法

“现阶段我国企业在市场中的发展竞争日益激烈，企业财务管理水平质量提升，逐渐成为企业市场竞争力提升的重要条件。企业在当前多变的市场环境下，要想获得优势发展，就要从自身的管理上尽心着手，充分地重视财务管理的质量提升，以及在风险管理水平上进行加强。”（胡垷，2016）

企业的风险管理包括以下五个步骤：

第一，风险诊断与评估。

第二，风险管理的前期准备。

第三，风险防范。

第四，风险处理。

第五，风险的后期管理。

第二节　现代企业财务管理的框架设计

企业管理财务风险是通过以财务风险的识别、财务风险的度量（包括测量与评估）、财务风险的应对（包括控制与化解）等为主要内容的管理流程来实现的，但由于企业财务风险种类多、来源广、管理复杂，仅仅从流程管理的角度对企业财务风险进行识别、度量、管理，疏通管理流程，不一定能实现管理财务风险的目标，企业必须构建一个包括责任主体、财务风险管理流程，以及保证管理流程能够实施的保障体系的框架来管理企业财务风险。

一、企业财务风险管理框架的特征

框架是在特定环境下，为达成一定目标，将系统内相互联系、功能完备的要素及要素之间关系进行整合而成的一种结构表述。框架具有以下特征：

第一，框架专注于特定领域，具备完善的功能，以推动企业实现特定目标为立足点，着力于一个特定领域解决方案的完整表达。

第二，框架要解决的最重要问题是技术整合问题。

第三，从结构上说，框架内部是高内聚的。

第四，框架封装了处理流程的控制逻辑。

第五，框架是清晰的、简洁的、一致的。“清晰”是指框架的结构是清晰的、框架的层次是清晰明朗的、框架中各个要素职责是清晰明确的。“简洁”是指框架中没有无关紧要或多余的元素，而且各个要素职责目标是非常集中的，这正是“高内聚、低耦合”设计原则的体现。“一致”通常体现在命名的规则一致、含义一致，以及组件的装配方式和使用方式一致等。框架的使用者在熟悉了框架的一部分后，很容易理解框架的另一部分。

第六，框架是轻量的。框架的功能是完备的，但必需的内容和功能尽可能是非冗余的。

企业财务风险管理框架的内涵是：在一定环境下，为了达成企业财务风险管理的目标而建立的相互联系、功能完备、要素完整、联系紧密的要素及要素之间关系整合而成的一种结构表述。框架的结构是分层的，包括目标层、管理层和基础层。框架的要素包括管理目标、责任主体、程序方法、保障体系和管理基础。管理要素可细分为子要素，例如，程序方法这一管理要素由风险识别、风险度量、风险应对和管理评价等子要素组成；保障体系这一管理要素包括完善风险管理的内部控制机制、开展信息化、建立财务预警系统、健全内部管理制度和审计等子要素。

二、构建企业财务风险管理框架的原则

企业财务风险管理框架的构建要遵循以下原则：

（一）整体性

企业财务风险管理非常复杂。站在系统的角度，企业构建的框架必须尽可能包括所有重要的管理要素。各管理要素必须有机构成一个整体才能发挥应有的效用。这就要求各管理子系统的具体管理目标必须服从于管理系统的整体目标。框架的构建必须做到管理要素齐全、点点相连、环环相扣、彼此沟通，真正成为一个健全完善、运转灵活的系统网络。系统的设计思想对于企业财务风险管理框架构建非常重要。每一个要素的构建都要站在管

理系统的高度来进行，同时研究管理程序对其他业务的衔接，解决冲突。

（二）完备性

框架的完备性来自管理对象的宽泛性。财务风险的内容非常广泛。首先，财务风险发生的原因、表现形式、影响力是复杂的；其次，财务风险形成的过程是复杂的，尤其是在企业层面、部门层面、业务层面，资金运动的过程比较复杂，每个环节都可能存在一定风险；最后，在企业的融资、投资、收益分配、产权管理、内部转移价格等运行环节都可能产生财务风险。

所以，框架的管理要素尽可能包括所有子要素，责任主体要包括所有财务风险管理参与者，程序方法包括风险识别、风险度量、风险管理和管理评价等，保障体系要健全，遵循完备性原则。

（三）动态性

动态性是指企业构建的框架不是一成不变的。框架管理的对象——财务风险在一定条件下会发生强弱转化，也就是说，财务风险是相对于不同的经营者及其抗风险能力而言的，并且随着管理思想、科学技术的进步，人类认识、改造和征服自然能力增强，对某些财务风险发生、发展的规律逐步掌握，企业认识财务风险、防范财务风险的能力越来越强。尤其是以计算机技术为代表的现代科学技术的发展，人们管理风险的方式、方法日益多样，管理能力进一步加强。企业建立的框架要有动态性，以适应财务风险变化的环境。

（四）可控性

可控性是指企业构建的框架可以随着环境的变化而进行调整、优化，是适应环境的，可控性是构建框架的重要原则。可控性原则要求企业根据财务风险管理的环境变化及时改变框架的管理要素或内容。目前，企业财务风险管理面临着非常迅速、异常巨大的环境变化，这对企业财务风险管理提出了新的要求。企业要根据环境变化及时调整战略选择和目标，明确财务风险管理责任主体、完善程序方法、健全保障体系、优化管理基础，合理保证企业财务风险管理的效率和效果，实现企业财务风险管理的目标。

三、企业财务风险管理框架的结构

企业财务风险管理框架由“三层、五要素”构成，“三层”包括基础层、管理层和目标层；“五要素”包括管理目标、责任主体、程序方法、保障体系和管理基础。

在框架的三层结构中，基础层描述企业财务风险管理的内部环境，在受管理层制约的同时对管理层有影响作用，它直接影响管理层管理财务风险的效果。管理层是框架的主体，它描述企业财务风险控制的责任主体、程序方法和保障体系。管理层对目标层有影响作用，管理层要素作用的发挥程度直接影响财务风险管理目标的实现程度，同时管理层对基础层有制约作用。目标层描述企业财务风险管理的目标。目标层对管理层有导向和统驭作用，直接决定管理层的内容和性质。

在框架的五要素中，管理目标是企业通过财务风险管理达成的目标。管理目标是企业通过环境分析，制定战略选择，在确定企业战略目标的基础上，考虑了企业使命和风险承受度后制定的。责任主体是企业财务风险管理程序方法的实施者或者参与者。企业财务风险管理的责任主体包括股东大会、董事会、监事会、经理层、部门和岗位等。程序方法是企业财务风险管理的基本程序和方法，是规范的财务风险管理基本流程。企业财务风险管理的程序方法应该包括风险识别、风险度量、风险应对和管理评价。保障体系是保证各责任主体按照企业财务风险管理流程实施管理的程序方法得以落实的制度、机制和手段。建立健全有效的保障体系为企业实现财务风险管理目标提供合理保证。管理基础是企业有效实施财务风险管理的内部管理环境，是企业财务风险管理的客观环境和经济基础。

1. 框架的基础层

框架的基础层是企业财务风险管理框架的基础，处于金字塔的底端。基础层包括管理基础一项管理要素。管理基础是企业有效实施财务风险管理的内部管理环境。

企业内部环境是企业风险管理其他要素发挥作用的基础，内部环境提供了风险管理的原则和结构，并受企业的历史和文化影响。框架的管理基础主要包括：公司治理结构、正直诚信原则和道德价值观、财务风险管理哲学、企业的组织结构、责任的分配和授权、董事会和审计委员会、员工能力、人力资源政策与实务、错弊和报告、企业文化等。

（1）公司治理结构。公司的法人治理结构比较准确地表现了企业的治理关系，也可理解为企业的组织制度和管理制度。组织制度包括股东大会、董事会、高层经理人员组成的执行机构和监事会。管理制度包括财务、采购、企划、销售、劳资等方面的系统管理制度，是保证现代企业正常运营的重要手段。

企业的约束机制产生于科学合理的组织结构，股东大会、董事会、执行机构和监事会构成了公司治理的主要内容。从产权关系看，股东大会对董事会是委托代理关系，董事会对总经理是授权经营关系，监事会代表股东进行监督。这是一种纵向的财产负责关系。从职权关系看，它们有各自不同的职责范围，任何组织结构都不能越权行事，形成了彼此之间的相互制约。这种纵向的财产负责关系和横向的职权关系，构成了企业内部的约束机制，同时，这种体制还将不同的利益关系统一在一种完整的利益机制下。

改善公司治理应标本兼治。一方面，通过优化股权结构、在公司内建立有效的制衡机制，建立市场化的、动态的、长期的激励机制与约束机制；另一方面，通过逐步健全有关法律法规、增加执法力度，规范公司治理。

（2）正直诚信原则和道德价值观。企业的财务战略、财务风险管理目标及目标实现的方式基于该企业的优先选择、价值判断和管理层的经营风格。这些优先选择和价值判断反映出企业管理层应遵循的正直诚信原则及其信奉的道德价值观。财务风险管理的有效性通常受到人的正直诚信原则和道德价值观的影响，因为财务风险管理系统是由人建立、执行和监督的。正直诚信原则和道德价值观是一个主体内部环境的关键要素，它影响着企业财务风险管理系统其他要素的设计、管理和监控。

鉴于价值观对于企业财务风险管理的重要性，企业应该遵循正直诚信原则和树立道德价值观。在逐步树立过程中，企业需要考虑多个方面的利益（例如，管理层的价值观必须平衡企业、员工、供应商、客户、竞争者和公众的利益），尽管他们之间的利益有时存在矛盾，导致平衡这些利益是非常复杂的。

（3）财务风险管理哲学。企业的风险管理哲学是指企业从战略制定到日常经营过程中对待财务风险的信念与态度。它反映了企业的价值观，影响企业的文化和经营风格，也影响企业风险管理要素的应用。

管理层的风险管理哲学会影响企业的管理方式，主要包括：①对待和承担经营风险的方式，如风险如何确认、接受或控制；②依靠文件化的政策、业绩指标以及报告体系等与关键经理人员沟通；③对财务报告的态度和所采取的措施；④对信息处理和会计功能、人员所持的态度；⑤对现有可选择的会计准则和会计数值估计所持有的谨慎或冒进态度。

企业风险管理哲学体现在企业日常经营的各个方面，体现在企业的政策说明、信息与沟通，以及各种各样的管理决策中。虽然不同企业管理者对待财务风险的信念与态度是不一样的，在不同的管理体制、不同的激励机制下，企业对待财务风险的信念与态度不一样，但特定企业的财务风险管理哲学必须具备一定的统一性，应该非常明确，并被企业员工所理解。企业风险管理哲学不仅体现在书面上、口头上，更应该反映在日常行动上。

（4）企业的组织结构。企业的组织结构是指为企业活动提供计划、执行、控制和监督职能的整体架构，包括权责分工、建立适当的控制流程等。企业的组织结构对于财务风险管理的重要性是不言而喻的，企业应该建立合理、有效的组织结构。建立组织结构时，企业应该考虑：①组织结构的合适性及其提供管理企业所需信息的沟通能力；②各主管人员所负责任的适当性；③按照主管人员所担负的责任，判断其是否具备足够的知识及丰富的经验；④当环境发生变化时，企业改变其组织结构的程度；⑤负责管理及监督职能的员工充足程度。

（5）责任分配和授权。权责分配包括对个人或团体的授权程度、对创造性地处理问题的鼓励以及所受权限的范围，即包括报告关系、授权规定，以及有关适当的实务处理、个人经验和知识、完成职责所提供的资源方面的一些政策规定。

授权应该保证被授权人完成目标，要使决策建立在比较完善的实务基础之上。

授权的增加是与扁平化的组织结构相联系的。组织结构的变革会提高员工的积极性、创造性、主动性，以及快速反应能力，这都有利于企业达成目标。同样，授权增大要求员工能力达到一个更高的水平，要求员工承担更多的责任，也要求管理层建立更有效的流程来监控决策效果。

（6）董事会和审计委员会。

第一，董事会和审计委员会相对于管理层的独立性、董事会和审计委员会成员的经验和道德境界、其参与和监督企业活动的范围以及其行为的适当性、对管理层提出问题的深度和广度、董事会和审计委员会与内外部审计师的关系实质等成为企业财务风险防范机制的基础。

第二，董事会是企业内部控制环境非常关键的部分，并对管理基础的其他要素产生重大影响。为了使企业的内部控制发挥有效作用，董事会应确保大部分人是独立董事。他们不但要提供合理的建议、咨询和指导，还要对管理层形成必要的牵制与制衡。

第三，在董事会中必须有足够数量的独立董事。

（7）员工能力。能力是指员工执行所分配工作需要的知识和技能。

第一，管理层应当以正式或非正式的岗位描述或其他方式分析并定义各岗位的具体工作任务，以及员工完成任务所需要的知识和技能。这些必要的知识和技能水平可能取决于个人的智力、受过的培训及经验。在培养知识和技能需要考虑的诸多因素中，应特别注意考虑在完成一件具体工作时所需职业判断的性质和程度。

第二，管理层决定工作完成的质量，并在企业的财务战略、目标与实施计划和结果方面进行权衡。管理层应经常在能力与成本方面进行权衡。

（8）人力资源政策与实务。财务风险管理系统是由人设计并实施的，组织内的人是保证财务风险管理有效的关键因素之一。组织内的人是由企业人力资源政策和实务决定的，其中人力资源实务包括招聘、指导、培训、评价、咨询、提升、薪酬，以及一些有关员工预期的正直、道德行为和能力水准方面的改进措施。

目前，许多企业员工能力有待进一步提高，使员工的行为和绩效达到预期有多种方式。例如，教育和培训政策，根据定期的绩效评估进行轮岗与提升，通过有竞争力的薪酬计划或激励机制来鼓励和强化员工实现突出业绩，通过有效的控制来避免业绩操纵或者虚报成绩等。其中，教育和培训对企业的重要性是不言而喻的，教育和培训可以帮助员工与时俱进，并有效应对环境变化。企业的教育流程必须坚持不断地进行。

（9）错弊和报告。反错弊控制不仅需要满足合法性的要求，同时还要具备预防性和及时性，受到高层管理人员的直接监督及重视。它需要审计及监察部门通力合作，建立健全反错弊工作机制，建立完善的检举程序、财务风险评估和控制体系，开展财务风险分析、测试控制设计和执行的有效性、制定财务违规调查并提出整改意见。

（10）企业文化。企业文化是指以企业价值观为核心的企业意识形态。企业文化对企业财务风险管理尤为重要。

企业文化（尤其是价值观）是企业核心竞争力的起源，影响其他方面的竞争力。

企业文化的功能如下：

第一，导向功能。企业文化对员工行为具有导向功能。

第二，延续功能。只有满足人类需要的东西才能随着人类的延续而延续。企业文化中的物质文化可以满足人的心理需要。

第三，软件功能。如果说员工的躯体是硬件，那么企业文化则是驱动硬件发挥作用的软件。

第四，激励功能。优秀的企业文化可以使员工置身于良好的心理环境，从而获得心理上的满足；置身于良好的人际环境，获得社交和尊重需要的满足。

第五，凝聚功能。企业的凝聚力是文化的造物，没有强大的企业文化就没有企业的凝聚力。

第六，扩展功能。由于企业文化通过教化可以传播，使得其具有空间传播功能。优秀的企业文化通过传播，可以使企业获得较好发展。

鉴于企业文化对于企业财务风险管理的重要性，企业应当建立自己企业独特的、适合本企业长远发展的企业文化。

从以上分析可以看出，管理基础是企业财务风险管理的内部管理环境，鉴于内部管理环境在财务风险管理中的重要性和它对框架内其他管理要素所产生的影响，怎么强调都合情合理。一个无效的管理基础的影响会很广泛，可能导致严重的财务损失、损害公众形象甚至经营失败；一个有效的管理基础可能使企业财务风险管理非常有效。因此，企业管理层应加强对管理基础各方面的管理，优化管理环境，建立一个和谐、适宜的企业财务风险管理基础。

2. 框架的管理层

管理层是企业财务风险管理框架的主体部分，管理层包括责任主体、程序方法和保障体系三项管理要素。责任主体是企业财务风险管理程序方法的实施者或者参与者；程序方法是企业财务风险管理的基本程序和方法，是规范的财务风险管理基本流程；保障体系是保证责任主体财务风险管理程序方法得以落实的制度、机制和手段。也就是说，管理层着重解决的是谁对企业财务风险进行管理、财务风险管理流程是怎样的，以及如何保证财务风险管理的效率和效果三个问题，管理层的内容及管理效果直接决定财务风险目标的实现程度。

（1）企业财务风险管理的责任主体。企业财务风险管理的责任主体主要包括股东大会、董事会、监事会、总经理、部门和岗位等。

第一，股东大会。股东大会是公司的最高权力机构，由出资者或其代表的股东组成。

股东大会是资产所有者的代表，以维护股东权益为宗旨，保持对公司的最终控制权，无权干预公司的经营活动。股东大会的权力具体表现为：股东大会决定公司经营方针和投资计划；审批公司的年度预算方案和决算方案；审议批准公司的利润分配方案和弥补亏损方案；对公司增加或者减少注册资本作出决议；对发行公司债券以及公司合并、分立或解散等重大事宜做出决策；享有公司剩余收益分配权和配股方案的决策权；等等。股东大会站在所有者角度，通过有效管理所有者的财权，对企业财务风险进行管理。

两权分离以后，股东大会享有所有权，授权经营者从事经营活动，授权监事会从事监督活动。股东大会的行为能力是企业财务风险管理的基础，通过行权能力来实现，股东大会的行权能力是由两方面构成的：一是代表有控制权的股东本身具有行权能力，二是代表有控制权的股东行为不能侵害其他股东利益。要使股东有行权能力的关键是让具有控制权的股东具有行权能力，这样不仅可以增加决策的集中度，从而提高决策效率，也可以减少决策成本。

第二，董事会。董事会是企业的经营决策机构，是公司的法定代表。董事会由创立大会或股东大会选举产生，并代表股东利益，负责制定公司的战略决策并检查其执行情况。从财务管理的角度看，企业董事会位于公司内部财务管理体制的最高层，是公司的核心，同样是经营者财务监督体系的核心和最高层。

董事会的主要职责是：决定公司的经营计划和投资方案；决定公司内部管理机构的设置和基本管理制度；制订公司预算方案和决算方案；制订利润分配和亏损弥补方案；制订公司增减资本和发行债券方案；拟订公司合并、分立、解散的方案；决定公司的基本财务管理制度；决定公司的内部管理制度；决定公司内部财务管理机构的设置；决定公司的财务体制；聘任和解雇公司经理、财务负责人并决定其薪酬。

从董事会的职权来看，可以得出这样的结论：公司治理结构是以董事会为中心构建的，董事会对外代表公司进行各种主要活动，对内管理公司的财务和经营，只有董事会才能全方位负责财务决策与管理，从本质上决定公司的财务状况。从机制的角度分析，财务风险管理首先绝不只是财务部门的事情，也不只是企业经营者的职责，而是出资人对企业财务进行的综合的、全面的管理。一个健全的企业财务风险管理体系，实际上是完善的法人治理结构的体现。而财务风险管理的创新和深化也将促进现代企业制度的建立及公司治理结构的完善。董事会从行政者（或者是经营者）的角度，通过全方位负责财务决策有效性，对企业财务风险进行管理。

从财务风险管理角度来说，董事会是企业的最高财务风险管理 / 决策机构，承担企业财务风险管理的最终责任。目前，我国很多企业董事会功能弱化，增强董事会的功能是加强企业财务风险管理的重要措施之一。增强董事会的功能可以采取的措施有：①指派专业委员会（通常是最高风险控制委员会）负责拟订具体的财务风险管理政策和原则；②增强董事会的独立性，董事会和总经理分设，增加独立董事比重，建立主要由独立董事组成的董事会下属的审计、提名、薪酬委员会；建立董事会自我评价系统；③强化董事会的战略管理能力与责任，包括实现投资决策程序的合理化、推动和监督企业内部各个运作环节的制度建设及组织建设，使这些环节运作程序化、透明化、合理化；④推动内部控制机制的制度化、合理化等。

第三，监事会。在公司最高管理层的组织架构中，监事会是公司的司法者。监事会受权于股东大会，拥有监督权，从事监管活动。监事会的主要职责是，对公司董事、经理履行职责时违反法律、规章或公司章程的行为进行监督、防止和纠正他们滥用职权，损害公司利益。监事会成员由股东代表和一定比例的职工代表组成。监事会从司法者的角度履行监督职责，对企业财务风险进行管理。

加强监事会的职权，完善监事会可以采取的措施有：①监事会有权随时调阅公司账簿和会计记录，并有权要求相关负责人对提出的问题予以说明；②监事会提议召开股东大会遭董事会拒绝时，有权在一定时期内自行召集；③监事会或监事有权代表股东和公司起诉违法董事和高级管理人员，保持监事会的独立性；④监事会应真正由股东大会选举产生，对股东大会负责，并保证监事会实质上和形式上的独立性，避免监事会成员的经济利益由管理层掌握；⑤严格监事的监督责任；⑥当监事会疏于执行职务职责而给公司或者股东造成损失时，监事会成员应承担对公司和股东损害赔偿的连带责任；⑦设立专职监事，更好地发挥监督作用。

第四，总经理。总经理及其班子是公司经营管理的最高执行层。从日常财务监督的组织、管理和实施过程看，总经理及其班子是经营者财务监督体系的重要领导者。他们作为出资者的受托经营管理者，要千方百计完成任期企业的整体目标，同时作为公司法人财产的日常经营管理者，维护企业法人财产所有者的利益。因此，总经理及其班子代表出资者对下属企业的财务行为进行监督，从整体上维护企业整体利益和出资者利益，并接受出资者的监督。在公司日常经营管理中，总经理还要监督下属企业认真执行董事会的各项战略决策，协调内部职能部门之间在经营运行中的矛盾，调动下属职能部门的积极性。

总经理及其班子的主要职责是负责执行财务风险管理政策，制定财务风险管理的程序和操作规程，及时了解财务风险水平及其控制情况，并确保企业具备足够的人力、物力和恰当的组织结构、管理信息系统以及技术水平，以有效地识别、度量、控制财务风险，并定期或者不定期评价财务风险管理的效果和效率。总经理及其班子的支持和承诺是企业有效控制财务风险的基石，只有当高级管理层充分认识并积极利用财务风险管理的潜在盈利能力时，财务风险管理才能对企业整体产生最大的收益。

第五，部门。从财务风险管理的角度分析，部门主要包括财务风险管理部门、内部审计部门等。

财务风险管理部门。企业具备目标明确、结构清晰、职能完备、功能强大的财务风险管理部门已经成为企业现代化的标志。企业在建立和完善财务风险管理部门组织结构、控制职能过程中，各级财务风险管理人员及相关人员需要具备很强的识别潜在财务风险的思维意识以及解释财务风险信息的知识能力，并辅以强有力的流程和信息技术支持。

建立有效的财务风险管理部门应当固守两个基本准则：财务风险管理部门必须具备高度独立性，以提供客观的财务风险管理策略；财务风险管理部门不具有或者只具有非常有限的财务风险管理策略执行权。实际操作中，企业的财务风险管理部门和财务风险管理委员会既要相互独立，又要互为支持，不能混为一谈，它们是合作分工的关系。合作分工的方式有利于保障企业财务风险管理和经营决策过程的独立性、客观性与准确性。国际先进银行的典型做法是，财务风险管理部门直接汇报给首席风险官、首席财务官、首席执行官。

财务经理从协调管理日常财务运作者的角度，一方面协调日常财务运作，另一方面对下属财务工作进行有效监督和管理，对企业财务风险进行管理。

内部审计部门。内部审计作为一项独立、客观、公正的约束与评价机制，在企业财务风险管理中发挥重要作用。内部审计可以从风险识别、度量、控制、评价等阶段，审核企业财务风险管理的能力和效果，发现/报告潜在的重大财务风险，提出应对方案并监督财务风险措施的落实情况。内部审计应当定期对财务风险管理体系各个组成部分和环节的准确性、可靠性、充分性及有效性进行独立的审查与评价。内部审计机构从内部审计的角度，对企业财务风险进行管理。

第六，岗位。风险管理是全员的，包括所有员工，企业财务风险管理也是全员参与的。首先，责任主体是企业财务风险管理实践活动的主体，是所有活动的核心——人；其次，企业财务风险来自企业经营过程，经营过程由开发、设计、制造、营销、配送和售后服务等流程组成，每项流程由作业组成，每一作业都是由步骤来完成的，每一个过程、流程、作业、步骤都是由岗位组成的，每个岗位都有各自的岗位职责和权限；最后，岗位是由不同的人—职工组成的，财务风险来自这些人或者这些人的活动。企业所有岗位能够实施或者参与财务风险管理的人，都是财务风险管理的责任主体，通过各自职责的履行情况，对企业财务风险进行管理。企业所有岗位都是财务风险管理的责任主体。

企业要建立良好的组织结构，明确组织结构的岗位设置，设计和规范相关职位的责任、权利与利益，明确岗位员工的胜任条件和违规处理，以发挥企业各岗位人员进行财务风险管理的积极性。

（2）企业财务风险管理的程序方法。程序方法这一管理要素解决的问题是企业财务风险管理的程序和方法。根据全程性原则，企业财务风险管理的程序方法主要包括：风险识别、风险度量、风险应对和管理评价。

第一，风险识别。风险识别的内容。风险识别就是识别源于企业内部或外部的影响企业财务战略实施或者目标实现的事故或事件，具体包括：企业存在哪些财务风险、哪些财务风险应予以考虑、引起财务风险的原因是什么、财务风险引起的后果及严重程度如何等。

企业财务风险来源广、种类多、控制复杂，我们必须在管理目标的指导下首先确认给企业带来不利影响的因素，即识别企业可能面临的财务风险。

财务风险识别的层级和信息渠道。企业应该从企业层面和业务层面分别建立财务风险识别系统：①企业层面。企业管理层应该从多个方面获取信息，识别企业层面的财务风险。首先，企业可以从法律顾问、外部审计师等专业机构获得有关企业层面财务风险方面的意见，分析后在年报中披露。披露内容包括：汇率风险、价格风险、行业风险等。其次，管理人员通过对企业所处的内外部环境进行分析，从而识别出可能存在的财务风险。②业务层面。企业除了识别企业层面财务风险外，有关人员还应该识别业务层面的财务风险。企业可以采取必要措施管理业务层级的风险，有利于把企业层面财务风险维持在一个合理的、可接受的水平上。企业同样可以通过听取内部及外部供应商、客户等方面的意见，获取业务层面的财务风险信息。

风险识别方法。企业的财务风险并不都是显露在外的，未加识别或错误识别的风险会造成意料之外的财务损失。因此，提高财务风险识别的手段，收集、甄别相关信息，汇总、区分风险情形，积极预测财务风险十分必要。企业可用的财务风险识别方法主要包含三种：①政策分析法。针对政府有关部门出台的政策，识别其中对企业可能产生不利因素的方面或内容。例如，对所在国的货币政策、财政政策、金融政策进行分析，可以识别财务风险的可能来源。②财务风险列举法。认真分析企业相关的财务报表、财务资料、管理流程、业务流程等资料，识别可能产生的财务风险。③实地检测法。通过与实际操作人员的直接沟通，了解财务风险的客观实情及风险控制的成效，从而不断提高财务风险管理水平。

第二，风险应对。财务风险应对的方法体系，一般由财务风险回避、财务风险降低、财务风险转移和财务风险承受等类型构成。

财务风险回避。财务风险回避，是指对于那些具有明显的不利后果或者难以识别和计量其风险的财务管理活动，采取主动放弃的方法规避潜在的财务风险。回避风险的途径主要有：①放弃某项财务计划或终止某项财务管理活动。例如，在一项投贷决策中，如果对投资方案的经济可行性进行科学论证后，发现该方案包含无法预料的纯风险，就应当主动放弃该方案，寻找其他投资方案；②改变经营管理活动的性质。例如，某公司投资于军工产品的生产经营，时值和平时期且军工生产所需的原材料价格变动较大，在此蕴含较大的下行经营风险的情况下，转向民用产品的生产经营，从而在很大程度上规避了经营产生的财务风险。财务风险回避方法有一定的局限性，但优点在于它的彻底性，即通过放弃某项财务计划或终止某项财务管理活动，从而彻底地避免该计划或活动中蕴含的财务风险，尤其是纯粹财务风险。

财务风险降低。财务风险降低方法的目的在于减少财务风险发生的可能性或后果。根据现代投资组合理论，财务风险组合是降低财务风险的重要方法之一。企业可以根据投资项目之间的相关性，通过投资组合方法将资源配置（投放）到若干个精心选择的项目上，从而达到分散财务风险的目的，财务风险组合方法的实质是在有效分散风险的同时最大限度地获取收益，达到优化资源配置的目的。财务风险组合法一般适用于投资经营或国际贸易中，采用有效的多样化经营达到分散投资风险和外汇风险的目的。科学地选择投资组合将使投资风险降至最低水平，最小可能降低为零。但有一个条件，即必须在市场上找到若干个（至少两个）合乎要求的投资项目。实务中常见的风险降低方法有：多样化经营、兼并与合并、货币组合等。

财务风险转移。财务风险转移方法是指将风险性资产或风险性活动，通过某种方式转移给其他经济实体或个人，从而消除或减少财务风险。转移财务风险的方式很多，但一般不外乎三类：①通过风险性资产或活动本身向他人转移，以达到转移风险的目的。②转移风险本身。例如，对风险性资产购买财产保险，从而将该资产的风险转移给保险公司。③通过经济合同条款转移作为风险根源的经济责任，以达到转移风险的目的。实务中常见的风险转移方法有：保险、国际信贷工具、远期外汇交易、货币和利率互换、协议转移等。

财务风险接受。所谓企业财务风险接受，是指对于那些无法回避、又不能转移的财务风险，或者由于自身生产经营活动的需要而必须承担的风险，企业采取保留此种风险的方式，不采取任何对策，一切顺其自然，如果风险发生，则产生的风险损失由企业自行消化补偿。企业采用财务风险接受方式，一般适用于如下情况：

企业自身业务特点决定，为了获得某种风险收益，必须承担此种风险，即：虽然某项经营业务有风险，但是对企业整体生产经营活动至关重要，不承担此种风险将影响其整体业务和发展。例如企业不会因存在技术创新风险而停止技术开发和新产品开发；银行不会因贷款风险而放弃贷款业务等。

企业财务风险保留的费用低于其风险控制的成本。

企业面临较好的投资机会，而投资风险相对较小。

企业所面对的某种风险，其发生时最大的风险损失预期较小。

企业对某种财务风险具有充分的风险控制能力和风险管理手段。

企业财务风险保留作为风险管理手段之一，同其他风险管理和风险管理手段同时存在、交叉并用。

在企业具体的财务风险管理实践中，采用何种风险管理手段，取决于企业所面临的风险类型及特点、企业的经济实力、风险管理水平、风险收益与风险损失的权衡等。

（3）企业财务风险管理框架的保障体系。企业财务风险管理框架的保障体系包括：建立全面风险管理内部控制系统、开展信息化、健全内部控制制度、健全预警系统、审计等。

第一，建立全面风险管理内部控制系统。企业全面风险管理内部控制系统是指企业内部企业层面、部门层面、业务层面等各管理层次之间，或者不同权责人员之间相互作用的过程和方式。内部控制机制可以通过规章等形式确定下来，为企业中所有相关人员共同遵守的规范，也可称之为协调机制。本书认为企业全面风险管理内部控制系统是指企业财务风险管理重要的保障体系之一。

内部控制系统设计以流程为基础，因此，企业在建立内部控制系统时，首先梳理现有的管理和业务流程，必要时，建立相关的流程。其次，针对重大风险所涉及的各种管理及业务流程，制定涵盖各个环节的全流程控制措施；对其他风险所涉及的业务流程，要把关键环节作为控制点，采取相应的控制措施。完善的流程包括完善的内部控制；设计内控的过程也是完善流程的过程。因此，涉及内部控制的过程一般会涉及流程再造，加强现有流程的内控也是流程再造的一部分。

企业通过建立完善的内部控制系统，能够协调企业内部不同管理层次、不同权责人员首先建立财务风险管理流程，然后实施财务风险管理流程，最后控制关键环节。所以，企业财务风险管理内部控制系统的建立和实施可以有效保证财务风险管理目标的实现，是重要的保障体系之一。

第二，建立财务预警系统。所谓财务风险预警系统，是指在财务风险发生之前，观察和捕捉各种资金运动的迹象，而对企业可能或将要面临的财务危机进行预测、预报，以采取适当的对策争取时间的财务分析管理系统。财务风险预警的实质是财务管理，如果企业对各种财务风险缺少防范和规避，会对企业未来的发展造成不利影响。当然，如果风险没有得到制止，首先受到侵害的就是企业的财务管理活动，由此引发一系列危机。

第三，健全内部控制制度。健全内部控制制度体系对于企业财务风险管理是非常重要的。完善的内部控制制度体系，能够避免和消除管理上的一些漏洞，形成各相关部门和人员的相关制约。

企业应该按照控制内容、业务类别和控制目标制定内部控制制度。例如，关于会计核算和财务报告编制工作，企业应建立统一、规范的内部控制制度体系，使企业有关业务均在一套制度、规则下进行。在制度体系建设过程中，企业应始终坚持以企业会计准则为指南，面向经济业务事项，既考虑资本市场监管要求，也体现企业内部管控需求。同时，为确保会计信息质量、提高会计统一核算的集中度，企业在制度体系设计过程中，尽可能地减少财务人员的具体会计判断，而由管理层来决定，并将其在制度体系中加以明确。为突出管理需求、强化内部控制，企业首先对会计报表体系进行设计，再将其细化至会计科目。

第四，审计。企业审计分为内部审计和外部审计。

内部审计。关于内部审计，企业应该明确内部审计的性质，合理设置内部审计机构。从企业财务风险管理的角度来看，内部审计有两方面特征：一是如果说企业预算控制、财务制度控制、财务总监委派制、财务流程控制、财务激励控制等措施是企业控制的第一道防线，那么内部审计是企业控制的第二道防线。企业内部审计可以对上述控制方法的有效性进行评价，提出改进措施，反馈给控制者。二是企业的内部审计包括事前、事中、事后审计，随着经济的发展，两者的融合逐步加强，内部审计可以参与预算的制订、执行；对于企业制定的财务制度、财务流程也应该先经过审计，确认其全面有效后再执行，并对执行情况进行评价。所以，内部审计也加入企业控制的第一道防线中。关于内部审计机构的设置，证监会、国家经贸委对内部审计部门的设置有明确规定。鉴于这些规定，企业可以将审计委员会设于董事会下，并引进独立董事。审计部门是审计工作的执行部门，要接受审计委员会的监督和领导。另外，内部审计具有为管理服务的功能，这决定了内部审计工作还要接受总经理的领导，即审计部门要接受双重领导。

外部审计。外部审计是企业通过外部注册会计师对其进行的审计。如果说企业内部审计是内部控制的第二道防线的话，那么外部审计则是企业所借助的外部防线。与内部审计相比，一方面，外部审计置身于企业方方面面的利益、关系之外，相对比较客观，审计结果更为可信；另一方面，外部审计所进行的审计业务量大，审计人员富有经验，更为专业化，更能提出为企业改善内部控制的建议。

企业应加强内部审计和外部审计、财务总监和外部审计的沟通与合作，有利于监督的完善。

鉴于内部审计和外部审计在企业财务风险管理中第一道防线和第二道防线的作用，审计成为企业财务风险管理重要的保障体系之一。

3. 框架的目标层

在“金字塔”形企业财务风险管理框架中，目标层位于金字塔的顶端。目标层描述企业财务风险管理的目标（以下简称“管理目标”），管理目标对管理层有导向和统驭作用。从企业财务风险管理的角度看，管理目标是分层的，分为企业层面、部门层面和业务层面，每一层面因责任主体的权责及在财务风险管理中的角色不同而有不同的具体目标，但每一个具体目标都是企业财务风险管理的子目标，都是为企业财务风险管理的整体目标服务。

（1）企业财务风险管理框架目标的确立。

第一，企业环境分析。企业作为一个系统，总是在一定环境下运行的。企业的环境分为外部环境和内部环境，外部环境又细分为社会环境和任务环境。

财务风险管理的社会环境。企业财务风险管理的社会环境，是对企业财务风险管理活动有重要影响的宏观方面的条件和因素的集合，主要包括政治、经济、社会文化、技术以及法律、法规等因素。社会环境的变化对所有企业的财务风险管理活动均产生影响，但由于企业自身条件不同，对其造成影响的程度和正、负效应也不同，所以应结合企业的特点分析社会环境对其财务风险管理的影响。

财务风险管理的任务环境。任务环境可以认为是企业运行的行业背景，主要包括影响公司和受公司影响的要素（如竞争环境、市场环境和生产环境）或者组织（如政府、地方社区、供应商、竞争者、客户、信贷者、雇员与工会、特殊利益群体以及商业联盟等）。

环境变化对企业财务风险管理的影响。目前，企业面临着非常迅速、异常巨大的环境变化，构建企业财务风险管理框架时必须分析环境的变化以及变化对企业的影响。在此，应该重点分析经济环境、金融环境和技术环境变化以及对企业财务风险管理的影响。

第二，企业财务管理目标分析。企业财务风险管理目标和企业财务管理目标是一致的。研究企业财务风险管理目标需要分析企业财务管理目标。

传统财务管理目标。产值最大化是与计划经济环境相适应的。在传统的集权管理模式下，企业的财产所有权和经营管理权高度集中，企业的主要任务是执行国家下达的产值目标，企业负责人的职务升迁、职工利益分配的数额均取决于计划产值指标的完成程度，这就决定了企业必然要把完成总产值作为其财务管理目标。产值最大化目标的缺陷在于，只考虑产出量，而没有考虑产品的效用；只考虑产出量，而没有考虑投入量。这显然不符合现代企业的具体环境。

利润最大化是改革开放后提出的企业财务管理目标。同期提出的改进目标还包括每股利润最大化。与利润最大化目标相比，每股利润最大化目标消除了企业的规模因素，因而显得更为合理。在自主经营、自负盈亏的约束下，国有企业必须考虑持续经营，以及支出和收入的平衡。因此，利润最大化与产值最大化有明显进步。但是利润最大化的目标没有考虑企业规模、风险、资金成本和货币时间价值，并且随着承包经营制度的弊端尽显，利润最大化目标也成为财务管理目标的历史记忆。

现代财务管理目标。股东财富最大化是我国资本市场迅速发展与其他国家财务管理理念引进相结合的产物。股东财富最大化目标的优点是考虑了风险因素和货币时间价值，因为风险高低及货币时间价值都可以通过股票价格反映出来。此外，由于股票市场能够对公司追求长期价值最大化的行为做出及时反应，如对科研开发等方面的投入做出正面反应，该目标还能克服企业在追求利润上的短期行为。股东财富最大化目标的出现推动了财务管理目标理论的不断发展，但该目标仍然具有片面性。股东财富最大化目标只强调了股东利益，没有考虑其他相关者的利益。特别是当其他方取得了控制权时，股东利益至上就是不现实的结果。

企业价值最大化目标观认为企业价值包括股权价值和负债价值两大部分，当两者之和为最大时企业价值达到最大化。追求企业价值最大化显然能使职业经理不仅重视股东的利益，而且重视债权人的利益。相关人利益最大化的财务目标引入了企业相关人治理的经济学理论，认为企业除了由股东、债权人外，还包括政府、员工以及社会等利益相关人共同治理的结果，该目标能使企业经理层考虑企业利益相关者的利益。

综上所述，企业财务管理的目标是追求企业价值最大化。

（2）企业财务风险管理框架目标的具体内容。企业财务风险管理目标的内容可以概括为以下四个方面：

第一，财物安全。在企业经营管理过程中，各责任主体必然会占用一部分财物。这些财物有可能被这些责任主体私吞、侵占；另外，由于不确定性、信息不对称等原因，可能使企业各责任主体不能发挥其财产物资的效用。所以，保证财物的安全、完整，并确保有效使用成为财务风险管理的最基本目标。

第二，信息真实。在企业内部分层管理而形成委托代理关系的条件下，受托人必须向委托人报告受托责任的履行情况，但是受托人为了隐瞒受托责任的履行情况可能制造虚假信息，所以，保证财务信息的真实性就成为财务风险管理的第二个基本目标。财务信息的真实性包括：正确性、可靠性、相关性和完整性等。

第三，行为合规。在企业内部分层分权管理的条件下，为了协同整个企业的行为，有关管理层制定各种法规制度，但分层分权各所属责任主体则违反这些制度。所以，保证企业各责任主体的行为合规，从而保证财务管理决策的贯彻执行和财务活动的协调、有序和高效，就成为财务风险管理的第三个基本目标。

以上三个目标最终能否实现是保证企业财务活动正常运行的前提条件。

第四，经营有效。企业财物安全、信息真实、行为合规的最终目的是提高企业的经营效率，实现企业整体价值最大化。但是企业各责任主体存在非理性决策和执行行为，导致经营效率低下，所以保证各责任主体理性决策和执行，提高经营效率，就成为财务风险管理的最高目标。这一目标最终能否实现是保证企业有效运营的前提条件。

第三节　现代企业财务风险的内部控制建设

内部控制系统包括两个因素，即内部环境和控制政策与程序。内部环境是指企业内部的物质、文化环境的总和，包括企业资源、企业能力、企业文化等因素，也称企业内部条件。控制政策与程序是指在企业运行过程中具体的内部控制，主要是为了保证业务行为是有序且有效的。内部控制的总体思路就是为确保实现企业目标而实施的程序和政策。

内部控制与风险管理是相辅相成的，内部控制以风险为导向，正因为有了风险才需要内部控制，一些企业管理松弛、内控弱化、风险频发、资产流失、徇私舞弊等问题严重，单纯依靠会计控制已难以应对市场风险，会计控制必须向风险控制发展。

随着现代社会经济的发展，企业的组织形式由业主制、合伙制演变成公司制，企业规模越来越大、经营运作的复杂程度越来越高、管理的专业化程度日渐增强。因此，在所有权与经营权分离的现代企业基本特征背景下，内部控制制度对于提高经营效率、加强财务信息的可靠性和相关性的作用尤为突出。

一、企业内部控制要素

企业内部控制要素包括以下五个：

（一）内部环境

内部环境处于内部控制五要素之首，它是组织的基调，具体包括：治理结构、权责分配、内部审计等。

第一，治理结构。治理结构是由股东大会、董事会、监事会和管理层组成的，决定公司内部决策过程和利益相关者参与公司治理的办法，主要作用在于协调公司内部不同产权主体之间的经济利益矛盾，克服或减少代理成本。

第二，权责分配。我国相关法律法规指出董事会处于公司管理层的核心地位，董事会应该对公司内部控制的建立、完善负责任。公司管理层对内部控制制度的有效执行承担相关责任，而其中处于不同层级的管理者掌握不同的控制权力并承担相应的责任，同时相邻层级之间存在控制和被控制的关系，不同层级可以相互监督。监事会对董事会建立与实施内部控制进行监督。

第三，内部审计。内部审计应当保持应有的独立性。内部审计机构需要结合内部审计监督，对内部控制实施的有效性进行监督检查。内部审计机构对检查监督中发现的内部控制缺陷，要按照企业内部审计工作程序进行报告；同时对监督检查中发现的内部控制重大缺陷问题，有权直接向董事会及其审计委员会、监事会报告。

（二）风险评估

风险评估是内部控制的重要环节。风险评估要及时识别、系统分析经营活动中与实现内部控制目标相关的风险，合理确定风险应对策略。内部控制中的风险评估过程必须判明企业完成既定目标存在的外部风险与内部风险。风险管理的过程包括设置目标、风险识别、风险分析、风险应对。

第一，设置目标。设置目标是风险识别、风险分析和风险应对的前提。企业要认真分析内部风险和外部风险，同时企业设置的目标要建立在企业整体风险承受能力和具体业务层次上。

第二，风险识别。企业风险识别主要是识别企业存在哪些风险，哪些风险应予以考虑，引起风险的主要因素是什么，这些风险所引起的后果及严重程度如何，风险识别的方法有哪些等。同时要区分内部风险因素和外部风险因素。内部风险因素主要包括人力资源因素、管理因素、自主创新因素、财务因素、安全环保因素。外部风险因素主要包括经济因素、法律因素、社会因素、自然环境因素。

第三，风险分析。识别出风险之后，企业要对识别的风险采取定性与定量相结合的方法进行分析和排序，确定关注重点和优先控制的风险。

第四，风险应对。企业可利用风险分析的结果考虑如何对重要风险进行管理及采取适当的应对风险行动。风险应对主要有四种策略：风险规避、风险降低、风险转移、风险保留。这四种策略是相互联系的，企业应根据不同发展阶段和业务拓展情况，持续收集与风险变化相关的信息，及时调整风险应对策略。

（三）控制活动

控制活动是内部控制的重要手段。控制活动主要是对评估的风险采取措施，以便将风险控制在可接受的范围内。控制措施一般包括：不相容职务分离控制、授权审批控制、会计系统控制、财产保护控制、预算控制、运营分析控制和绩效考评控制等。

第一，不相容职务分离控制。不相容职务分离控制要求企业全面系统地分析、梳理业务流程中所涉及的不相容职务，实施相应的分离措施，形成各司其职、各负其责、相互制约的工作机制。如果担任不相容职务的员工之间相互串通勾结，则不相容职务分离就失去了作用。但如果企业没有适当的职务分离，则发生错误和舞弊的可能性更大。

第二，授权审批控制。授权审批控制要求企业根据常规授权和特别授权的规定，明确各岗位办理业务和事项的权限范围、审批程序和相应责任。授权审批包括常规性授权和临时性授权。常规性授权是指在日常经营管理活动中，按照既定的职责和程序进行的授权；临时性授权是指在特殊情况、特定条件下进行的应急性授权。

第三，会计系统控制。会计系统控制要求企业严格执行国家统一的会计准则制度，加强会计基础工作，明确会计凭证、会计账簿和财务会计报告的处理程序，保证会计资料真实完整。

第四，财产保护控制。企业要建立财产日常管理制度和定期清查制度，采取财产记录、实物保管、定期盘点、账实核对等措施，确保财产的安全完整；严格限制未经授权人员接触和处置财产。

第五，预算控制。企业主要通过预算控制，使得经营目标转化为各部门、各岗位以及个人的具体行为目标，作为各责任单位的约束条件，能够从根本上保证企业经营目标的实现。一般来说，企业全面预算体系包括经营预算、资本预算和财务预算。

第六，运营分析控制。运营分析控制要求企业建立运营情况分析控制，经理层应当综合运用生产、购销、投资、筹资、财务等方面的信息，通过因素分析、对比分析、趋势分析等方法，定期开展运营情况分析，及时发现问题，并查明原因加以改进。

第七，绩效考评控制。绩效考评控制要求企业建立和实施绩效考评制度，科学设置考核指标体系，对企业内部各责任单位和全体员工的业绩进行定期考核和客观评价，将考评结果作为确定员工薪酬以及职务晋升、评优、降级、调岗、辞退等的依据。

（四）信息与沟通

信息与沟通是内部控制的重要条件。企业的信息与沟通，应当以内部信息传递、信息系统等相关应用指引为依据，结合本企业的内部控制制度，对信息收集、处理和传递的及时性、反舞弊机制的健全性、财务报告的真实性、信息系统的安全性，以及利用信息系统实施内部控制的有效性等进行认定和评价。

（五）监督

监督是企业内部控制的重要保证。企业需要对内部控制的建立与实施情况进行监督检查，评价内部控制的有效性，一旦发现内部控制缺陷，应当及时加以改进。内部监督可以分为日常监督和专项监督。

日常监督：对建立与实施内部控制的情况进行常规、持续的监督检查。

专项监督：在企业发展战略、组织结构、经营活动、业务流程、关键岗位员工等发生较大调整或变化的情况下，对内部控制的某一或者某些方面进行针对性监督检查。

二、企业内部控制应用指引

企业内部控制应用指引可以分为：内部环境类指引包括组织架构、发展战略、人力资源、社会责任和企业文化。控制活动类指引包括资金活动、采购业务、资产管理、销售业务、研究与开发、工程项目、担保业务、业务外包、财务报告。控制手段类指引包括全面预算、合同管理、内部信息传递和信息系统。具体内容如下：

（一）组织架构

组织架构是指企业按照国家有关法律法规、股东（大）会决议、企业章程，结合本企业实际，明确董事会、监事会、经理层和企业内部各层级机构设置、职责权限、人员编制、工作程序和相关要求的制度安排。

为了建立健全组织架构，企业要按照科学、精简、高效、透明、制衡的原则，合理设置内部职能机构。董事会对股东（大）会负责，行使经营决策权，可设立战略、审计、提名、薪酬与考核等专门委员会。监事会对股东（大）会负责，监督董事、经理和其他高级管理人员依法履行职责。经理层对董事会负责，主持生产经营管理。

组织结构设计就是根据企业的总体目标，把企业管理各要素配置在一定的方位上，把组织目标逐级分解到各个具体的岗位上，确定其活动条件，规定其活动范围，通过每一个具体岗位职责的完成来实现组织的目标。所以，组织结构设计就是要明确应该做什么，谁要对什么结果负责，要消除由于分工不清而导致的执行中的障碍，并提供信息沟通网络，以支持公司的发展目标和决策。

（二）发展战略

发展战略是指企业在对现实状况和未来趋势进行综合分析和科学预测的基础上，制定并实施的长远发展目标与战略规划。

企业在目前发展过程中主要面临缺乏战略、战略太激进、战略频变动的问题。企业为了实现长远发展，需要在董事会下设立战略委员会，或指定相关机构负责发展战略管理工作，履行相应职责。战略委员会拟订的企业发展战略方案经董事会审议通过后，报经股东（大）会批准实施。企业应当根据发展战略，制订年度工作计划，编制全面预算，此外，还要加强对发展战略的宣传培训，通过组织结构调整、人员安排、薪酬调整、财务安排、管理变革等配套措施，保证发展战略的顺利实施。

（三）人力资源

人力资源是指企业组织生产经营活动而录用的各种人员，包括董事、监事、高级管理人员和全体员工。

在人力资源管理过程中主要存在人力资源缺乏或过剩、激励不合理、退出机制不当可能引发的风险。因此企业要建立人员的引进、开发、使用、培养、考核、激励以及退出机制。

在人才引进与开发过程中，企业要根据人力资源总体规划，制订年度人力资源需求计划，同时，在实施人力资源战略过程中要通过公开招聘、竞争上岗等方式选聘优秀人才，重点关注选聘对象的价值取向和责任意识，切实做到因事设岗、以岗选人，避免因人设事或设岗。在人才使用和培养过程中建立员工培训长效机制，促进全体员工知识、技能的持续更新。

对于考核激励机制，企业需要设置科学的业绩考核指标体系，对各级管理人员和全体员工进行严格考核与评价，以此作为确定员工薪酬、职级调整和解除劳动合同等的重要依据，确保员工队伍处于持续优化状态。制定与业绩考核挂钩的薪酬制度，切实做到薪酬安排与员工贡献相协调，体现效率优先，兼顾公平。

最后，企业需要建立健全员工退出（辞职、解除劳动合同、退休等）机制，关键岗位人员离职前，需进行离任审计。

（四）社会责任

社会责任是指企业在经营发展过程中应当履行的社会职责和义务，主要包括安全生产、产品质量、环境保护、资源节约、促进就业、员工权益保护等。

安全生产主要包括建立严格的安全生产管理体系，开展员工安全生产教育。贯彻预防为主的原则，对于特殊岗位实行资格认证制度。重大生产安全事故应当启动应急预案，并且按照国家有关规定及时报告。

产品质量要建立严格的产品质量控制和检验制度，售后若发现存在严重质量缺陷、隐患的产品，应及时召回。

环境保护和资源节约主要包括实现低投入、低消耗、低排放和高效率的生产，注重环境保护和资源节约，着力开发利用可再生资源的监控制度，强化日常监控。

促进就业与员工权益保护主要包括建立高级管理人员与员工薪酬的正常增长机制，维护社会公平。按照产、学、研、用相结合的社会需求，积极创建实习基地，培养、锻炼社会需要的应用型人才。

（五）企业文化

企业文化是企业在生产经营实践中逐步形成的、为整体团队所认同并遵守的价值观、经营理念和企业精神，以及在此基础上形成的行为规范的总称。在文化形成过程中要注重文化的建设和评估。“企业文化是企业管理工作的重要组成部分，由于其具有持续性、创新性、综合性等诸多功能，得到了越来越多企业的重视，而且对于促进企业发展具有很强的支撑性和保障性。”（王国富，2022）

企业文化建设，要打造以主业为核心的企业品牌，培育企业特色的发展愿景、积极向上的价值观、诚实守信的经营理念、履行社会责任和开拓创新的企业精神，以及团队协作和风险防范意识，切实实现文化建设与发展战略有机结合。

在企业文化评估过程中要重视董事、监事、经理和其他高级管理人员在企业文化建设中的责任履行情况，全体员工对企业核心价值观的认同感，企业经营管理行为与企业文化的一致性，企业品牌的社会影响力，参与企业并购重组各方文化的融合度，员工对企业未来发展的信心。

（六）资金活动

资金活动主要包括筹资活动、投资活动和经营活动。

在筹资过程中主要关注的内容有：对于负债筹资要重点关注利率风险、筹资成本、偿还能力以及企业的流动性风险；对于股票筹资要重点关注发行风险、市场风险、政策风险以及公司控制权风险。对偿还本金和支付股利需要作出适当安排，防止发生违约风险，造成诉讼失败。

在投资过程中要突出企业的主营业务，对主业加强可行性研究，对重大投资项目实行集体决策或者联签制度，对到期无法收回的投资，建立责任追究制度。

企业资金运营活动是一种价值运动，为保证资金价值运动的安全、完整、有效，企业资金运营活动应按照设计严密的流程进行控制。

第一，企业资金收付，应该有根有据，不能凭空付款或收款。所有收款或者付款需求，都由特定的业务引起。因此，有真实的业务发生，是资金收付的基础。

第二，收款方应该向对方提交相关业务发生的票据或证明，收取资金。资金支付涉及企业经济利益流出，应严格履行授权审批制度。不同责任人应该在授权范围内，审核业务的真实性、金额的准确性，以及申请人提交票据或者证明的合法性，严格监督资金支付。

第三，财务部门收到经过企业授权部门审批签字的相关凭证或证明后，应再次复核业务的真实性、金额的准确性，以及相关票据的齐备性，相关手续的合法性和完整性，并签字确认。

（七）采购业务

采购业务是企业价值链活动中四大辅助活动之一，采购业务主要包括购买物资及支付款项等相关活动。

在采购期间要遵循集中采购，避免多头采购或分散采购；建立采购申请制度，设置专门的请购部门，明确请购和审批程序；建立科学的供应商评估和准入制度；企业要建立严格的采购验收制度，对验收过程中出现的异常情况要找出原因并及时处理。

在付款时要严格审核采购预算、合同、相关单据凭证、审批程序等相关内容，严格审查采购发票的真实性、合法性和有效性，审核无误后按照合同规定及时办理付款。涉及大额或长期的预付款项，需定期进行追踪核查。加强对购买、验收、付款业务的会计系统控制，定期与供应商核对往来款项。建立退货管理制度。

（八）资产管理

在现代企业制度下，资产业务内部控制已从如何防范资金挪用、非法占用和实物资产被盗拓展到重点关注资产效能，充分发挥资产资源的物质基础作用。资产管理主要包括存货、固定资产和无形资产的管理。

第一，存货。在存货管理过程中企业要明确存货取得、验收入库、原料加工、仓储保管、领用发出、盘点处置等环节的管理要求。

在存货取得过程中企业要根据各种存货采购间隔期和当前库存，综合考虑企业生产经营计划、市场供求等因素，充分利用信息系统，合理确定存货采购日期和数量，确保存货处于最佳库存状态。

在存货验收过程中，外购存货重点关注合同、发票等原始单据与存货的数量、质量、规格等，保证实物与单据的核对一致；自制存货重点关注产品质量；其他方式重点关注存货来源、质量状况、实际价值是否符合有关合同或协议的约定。

同时要建立存货保管制度，在存货流动过程中办理出入库手续；健全防火、防洪、防盗、防潮、防病虫害和防变质等管理规范；对于代管、代销、暂存、受托加工的存货要单独存放和记录。最后，要加强存货的保险投保，建立盘点清查制度。

第二，固定资产。固定资产是企业开展正常生产经营活动所必需的物资条件，其价值随着企业生产经营活动逐渐转移到产品成本中。固定资产业务流程通常分为取得、验收移交、日常维护、更新改造和淘汰处置五个环节。在各环节中，要加强监督管理工作，在取得和验收阶段要实施固定的验收制度；在日常使用中，要加强固定资产的保养和维护工作，处置固定资产时，价格要公允，并获得有关部门授权。

第二，无形资产。在无形资产管理过程中企业要加强对品牌、商标、专利、专有技术、土地使用权等无形资产的管理，分类制定无形资产管理办法。加强无形资产权益保护，防范侵权行为和法律风险。无形资产具有保密性质的，应当采取严格保密措施，严防泄露商业秘密。重视品牌建设，打造和培育主业品牌。

（九）销售业务

销售业务是企业出售商品或提供劳务及收取款项等相关活动。

第一，销售。企业在销售过程中要灵活运用折扣、折让、信用、代销和广告宣传等多种策略和营销方式，促进销售目标实现。同时，健全信用档案，关注重要客户资信变动情况。对于境外客户和新开发客户，建立严格的信用保证制度。重大的销售业务谈判，需要吸收财会、法律等专业人员参加，并形成完整的书面记录。审批人员对销售合同草案进行严格审核，重要的销售合同征询法律顾问或专家的意见。销售部门按照经批准的销售合同开具相关销售通知，发货和仓储部门对销售通知进行审核，严格按照所列项目组织发货。

第二，收款。企业要完善应收款项管理制度，销售部门负责应收款项的催收，催收记录（包括往来函电）需要妥善保存；财会部门负责办理资金结算并监督款项回收。严格审查商业票据的真实性和合法性，防止票据欺诈；对已贴现但仍承担收款风险的票据以及逾期票据，进行追索监控和跟踪管理。最后，需要加强应收款项坏账管理，对坏账查明原因和明确责任，并严格履行审批程序。

三、企业内部控制评价

（一）内部控制评价指引的原则

企业内部控制评价指引是指企业董事会或类似权力机构对内部控制的有效性进行全面评价、形成评价结论、出具评价报告的过程。因此，在评价过程中应该遵循以下原则：

第一，全面性原则。评价工作应当包括内部控制的设计与运行，涵盖企业及其所属单位的各种业务和事项。

第二，重要性原则。评价工作应当在全面评价的基础上，关注重要业务单位、重大业务事项和高风险领域。

第三，客观性原则。评价工作应当准确地揭示经营管理的风险状况，如实反映内部控制设计与运行的有效性。

（二）内部控制评价的内容

内部控制评价围绕内部环境、风险评估、控制活动、信息与沟通、内部监督等要素，对内部控制设计与运行情况进行全面评价。在全面评价过程中，控制环境和风险管理是内部控制的基础；信息沟通和监督贯穿整个内部控制系统；控制活动是内部控制系统的主要外在表现。

内部环境评价以组织架构、发展战略、人力资源、企业文化、社会责任等应用指引为依据；风险评估机制评价根据有关风险评估的要求，以及各项应用指引中所列主要风险为依据，对日常经营管理过程中的风险识别、风险分析、应对策略等进行认定和评价；控制活动评价应对企业各类业务的控制措施与流程的设计有效性和运行有效性进行认定和评价；信息与沟通评价以内部信息传递、财务报告、信息系统等相关应用指引为依据；内部监督评价应当对管理层对于内部监督的基调、监督的有效性和内部控制缺陷认定的科学、客观、合理进行认定和评价，重点关注监事会、审计委员会、内部审计机构等是否在内部控制设计和运行中有效发挥监督作用。

（三）内部控制评价的程序

企业应当按照内部控制评价办法规定的程序，有序开展内部控制评价工作。内部控制评价程序一般包括：制订评价工作方案、组成评价工作组、实施现场测试、认定控制缺陷、汇总评价结果、编报评价报告等环节。

企业可以授权内部审计部门或者专门机构，负责内部控制评价的组织实施工作。同时内部审计部门或者专门机构组成内部控制评价工作组，并且吸收企业内部相关机构熟悉情况的业务骨干参与，内部重要人员对本部门的内部控制评价工作实行回避制度。为了保持内部评价的客观独立，提供内部控制审计服务的会计师事务所，禁止同时提供内部控制评价服务。同时在评价过程中要进行现场测试，综合运用个别访谈、调查问卷、专题讨论、穿行测试、实地查验、抽样和比较分析等方法，充分收集被评价单位内部控制设计和运行是否有效的证据，确保评价的公正、准确。

（四）内部控制缺陷的认定

内部控制缺陷是描述内部控制有效性的一个负向维度。企业开展内部控制评价，主要工作内容之一就是要找出内部控制缺陷并有针对性地进行整改。

按照影响企业内部控制目标实现的严重程度，内部控制缺陷分为重大缺陷、重要缺陷和一般缺陷。重大缺陷是指一个或多个控制缺陷的组合，可能导致企业严重偏离控制目标。重要缺陷是指一个或多个控制缺陷的组合，其严重程度和经济后果低于重大缺陷，但仍有可能导致企业偏离控制目标。一般缺陷是指除重大缺陷、重要缺陷之外的其他缺陷。

按照内部控制缺陷成因或来源，内部控制缺陷可分为设计缺陷和运行缺陷。设计缺陷是企业缺少为实现控制目标所必需的控制，或现有内部控制设计不适当，即使正常运行也难以实现控制目标。运行缺陷是指有效的内部控制由于运行不当而形成的内部控制缺陷。

按照影响内部控制的具体形式，可以将内部控制缺陷分为财务报告缺陷和非财务报告缺陷。

企业对内部控制缺陷的认定，应以日常监督和专项监督为基础，结合年度内部控制评价，由内部控制评价部门进行综合分析后，再由董事会提出内部控制缺陷认定意见。内部控制缺陷初步认定以后要建立评价质量交叉复核制度，评价工作组负责人应当对评价工作底稿进行严格审核。最后，内部控制评价部门编制内部控制缺陷认定汇总表，提出认定意见，并以适当形式向董事会、监事会或者经理层报告。重大缺陷由董事会予以最终认定。

（五）内部控制评价的报告

内部控制评价报告要分别对内部环境、风险评估、控制活动、信息与沟通、内部监督等要素进行设计，对内部控制评价过程、内部控制缺陷认定及整改情况、内部控制有效性的结论等相关内容做出披露。内部控制评价报告报经董事会或类似权力机构批准后，对外披露或报送相关部门。内部控制审计报告与内部控制评价报告，须同时对外披露或报送。12月31日为年度内部控制评价报告的基准日，内部控制评价报告须于基准日后4月内报出。

第四章

现代企业财务管理及其模式分析

第一节　现代企业财务管理的目标与环境

一、现代企业财务管理的目标

企业财务管理的目标是指企业财务管理工作所要达到的最终目的。财务管理是企业管理的一部分，因此，财务管理的目标取决于企业的总目标。企业作为一个营利性经济组织，其最终目标是盈利，但在激烈的市场竞争中，企业的盈利是以生存和发展为前提的。因此，企业管理目标可概括为生存、发展和获利三个方面。

为了实现企业管理的目标，在财务管理上应力求保持以收抵支和偿还到期债务的能力，使企业生产经营活动持续运转下去。合理筹集企业发展所需的资金，使企业在发展中求得生存。通过合理、有效地使用资金，企业获利进而实现最终目标。

（一）现代企业的财务目标

1. 利润最大化目标

利润最大化目标是从 19 世纪初形成和发展起来的，其渊源是亚当・斯密的企业利润最大化理论。企业的目标是追求利润最大化，因此，该观点认为，将利润最大化作为企业财务管理的目标是符合企业目标的。

以利润最大化作为财务管理目标有其合理性。一方面，利润是企业积累的源泉，其利润最大化使企业经营资本有了可靠的来源；另一方面，利润最大化在满足业主增加私人财富的同时，也使社会财富达到最大化。

在我国，将利润最大化作为企业财务管理目标，表面看起来也是很合理的。因为考核企业经营成果的首要指标就是利润。利润的大小不仅体现了企业对国家的贡献，而且与企业职工的利益紧密挂钩。另外，企业要追求利润最大化，必须努力增加收入、改进技术、提高劳动生产率、降低成本、减少各种开支。因此，将利润最大化作为企业财务管理目标对于企业追求产值、促进企业加强经济核算是有积极意义的。但是，以利润最大化作为企业财务管理目标也有一些缺陷：①没有考虑利润的发生时间；②没有考虑获得利润与所承受的风险大小的关系；③没有考虑所获利润与投入资金的关系，因而容易导致企业为追求短期的最大利润而忽视长远的发展。追求外延的扩大、规模的膨胀而忽视效率的提高，只顾追求最大利润而忽视风险的控制。因此，现代财务管理理论认为，利润最大化并不是企业财务管理的最佳目标。

2. 股东财富最大化目标

股东财富可以由其拥有的股票数量、每股股利和股票市场价格三方面来决定。因此，为了实现股东财富最大化，必须提高每股股利和每股价格，而这些都有赖于每股收益的提高，因为每股收益的增加是提高每股股利的基础，也是提高股票价格的重要手段。但是，股票价格的提高，不仅取决于每股收益的增加。除外部因素变化对股票价格的影响之外，企业的未来盈利能力以及所面临的风险大小等内部因素也会影响股票的价格。如果企业未来盈利能力提高，股票价格必然上升，反之亦然，而当企业未来盈利能力不变，但面临的风险加大，如应收账款增加，股票价格就会下降。

在上市公司中，股东财富是用公司股票的市场价格来计量的，它考虑了风险因素，因为风险的高低会对股票价格产生重要影响；也考虑了资金的时间价值，在一定程度上能够克服企业在追求利润上的短期行为。因为无论是目前利润还是预期未来的利润对股票价格都会产生重要影响。股东财富不能用账面的股东权益来反映，因为许多资产的账面价值是一种历史成本，不代表其市场价值，更何况一些无形资产如商誉，在账面上也反映不出来。股东财富应由股东权益的市场价值来衡量。

股东财富最大化，不但要考虑企业当前的盈利水平，更要注重未来的长期获利能力；不仅要考虑企业的盈利水平，更要注意将企业的风险控制在投资者可接受的范围内。这一目标克服了利润最大化的缺陷，因此普遍被以美国为代表的西方国家所接受。

然而，这种观点也有其缺陷。首先，强调股东的利益，对企业其他相关者的利益不够重视，不利于处理好现代企业财务活动中产生的各种财务关系；其次，影响股票价格变动的因素，不仅包括企业经营业绩，还包括投资者心理预期及经济政策、政治形势等理财环境，因而带有很大的波动性和不可控性，股价不一定真实地反映股东权益的实际市场价值；最后，它只适合上市公司，对非上市公司而言，股东财富不易衡量。

3. 企业价值最大化目标

所谓企业价值就是企业资产的市场价值，取决于企业潜在和未来的获利能力。企业价值最大化是指通过企业财务上的合理经营，采用最优的财务政策，充分考虑资金的时间价值和风险与收益的关系，在保证企业长期稳定发展的基础上，使企业总价值达到最大。企业价值最大化充分考虑了资金的时间价值、风险价值和通货膨胀价值对企业资产的影响，克服了企业在追求利润上的短期行为，体现了对经济效益的深层认识，因此，被认为是现代财务管理的最优目标。

企业的价值在于它能给企业利益相关者带来长期稳定的收益。企业利益相关者包括企业股东、债权人、员工、政府、供应商、客户，这些利益相关者都会对企业财务管理产生影响。股东大会或董事会通过表决决定企业重大的财务决策，董事会直接任免企业经理甚至财务经理；债权人要求企业保持良好的资金结构和适当的偿债能力，以及按合约规定的用途使用资金；员工是企业财富的创造者，提供劳动必然要求合理的报酬；政府为企业提供了公共服务，也要通过税收分享收益；供应商和客户是企业的合作伙伴，也希望维持良好的合作关系，信守承诺。正是各利益相关者的共同参与，构成了企业利益制衡机制，如果试图通过损害一方利益而使另一方获利，结果就会导致矛盾冲突，出现诸如股东抛售股票、债权人拒绝贷款、员工怠工、政府罚款、供应商停止供货、客户中止合作等不利现象，从而影响企业的可持续发展，最终损害了企业的价值。大多数情况下，股东财富最大化与企业价值最大化并不矛盾，企业只有满足客户的需求，拥有真诚的员工，保持稳定的供应，依法纳税，按期偿债，才能不断提升整个企业的价值，从而维持股价的上升。

与股东财富最大化的财务管理目标相比，企业价值最大化同样充分考虑了不确定性和时间价值，强调风险与收益的均衡，并将风险控制在企业可承受的范围内。它还有更为丰富的内涵：①营造企业与股东之间的协调关系，努力培养固定性股东；②创造和谐的工作环境，关心职工利益，培养职工的认同感；③加强与债权人的联系，重大财务决策邀请债权人参与，培养可靠的资金供应者；④关心政府政策的变化并严格执行，努力争取参与政府制定政策的有关活动。此外，还要重视客户利益，以提升市场占有率；讲求信誉，以维护企业形象等。企业价值最大化的基本思想是将企业的长期稳定发展摆在首位，强调在企业价值增长中满足各方面的利益关系，因此普遍被以日本为代表的国家所接受。

（二）企业主体冲突协调的目标

企业的委托代理理论认为，企业是由各利益相关主体（包括外部的债权人、关联交易商、客户、内部股东、经营管理者和员工等）组成的共同组织，是这些利益相关主体之间缔结的一组契约的联结。由于信息不对称、契约的不完备等市场不完全性的存在，企业各利益主体之间的利益往往不一致，更多的时候还表现为相互之间的利益冲突。

股东和债权人都为企业提供了资金，但是他们都处在企业之外，只有经营者在企业里直接从事资金运作。企业是所有者即股东的企业，股东委托经营者代表他们管理企业，为自己的目标而努力，但经营者的目标和股东的并不完全一致。债权人把资金借给企业，并不是为了“股东财富最大化”，与股东的目标也不一致。因此，企业中主要有两种委托代理关系：①股东与经营者之间的委托代理关系；②股东（通过经营者）与债权人之间的委托代理关系。企业必须协调这三方的冲突，才能实现“股东财富最大化”和“企业价值最大化”的目标。

1. 股东与经营者冲突的协调

在公司制这种组织形式中，所有权与经营权是分离的。这种分离使得企业所有权的变更不会影响企业的经营，企业可以聘用专业的经理人才。但所有者的目标与经营者的目标是不一致的，所有者的目标是自身财富的最大化，而经营者的目标通常表现在以下方面：

（1）报酬。包括物质的和非物质的，例如工资、奖金、荣誉和社会地位等。

（2）增加闲暇时间和奢华享受。例如较少的工作时间、舒适的工作条件、较小的劳动强度等。

（3）避免风险。例如努力工作而得不到应有报酬的风险，希望付出一份劳动便得到一份报酬。

在现代大型股份制企业中，由于所有权与经营权分离，企业经营者拥有企业主要日常经营决策控制权。但很少或几乎不持有企业的股份，经营者对剩余索取权和经营控制权拥有比例的不对称，加上股东与经营者之间信息的不对称，使股东难于观察和监督经营者行为，同时契约的不完备所导致的经营者非金钱的效用、利益事前在契约中也无法确认、事后无法判断等，均会使企业经营者有动机从事满足自己效用、背离股东利益的各种行为。

为确保代理人的行为不偏离委托人的目的或不损害委托人的利益，委托人必须事先采取一定的措施对代理人的行为进行控制。这种措施包括两个方面：①监督。经营者背离股东的目标，其条件是双方的信息不一致，经营者了解的信息比股东多。如果股东对经营者进行必要的监督，就可减少双方信息的不一致。②激励。激励是从正面来协调股东和经营者之间的冲突。现在，越来越多的企业将经营者的报酬与企业的业绩联系起来，这对激励经营者为股东利益努力工作非常有效。

2. 股东与债权人冲突的协调

债权人将资金贷给企业，其目标是到期收回本金并取得规定的利息收入。而企业借款的目的是用它扩大经营，获得更大收益。二者的目标并不一致。债权人事先知道贷出资金是有风险的，并根据企业现金流量的风险和债务的安全性确定了相应的贷款利率。但是，借款合同一旦成为事实，资金被企业掌控，债权人就失去了控制。股东可能通过经营者，为了自己的利益而伤害债权人的利益。

债权人为了防止其利益受到损害，除了寻求立法保护，如破产时优先接管、优先于股东分配剩余财产外，通常采取以下措施：

（1）在借款合同中加入限制性条款，如规定资金的用途，规定不得发行新债或者限制发行新债的规模、条件等。

（2）如发现企业有剥夺其财产的意图，拒绝进一步合作。如拒绝提供新的借款或提前收回借款，或者要求高出正常利率很多的高额利率，作为这种风险的补偿。

因此，如果企业试图损害债权人的利益，要么失去与信贷市场的联系，要么承受高额利率负担，无论哪种情形，对企业都是不利的。企业为了实现自己的目标，必须与债权人和睦相处，恪守借款合同。

二、现代企业财务管理的环境

（一）财务管理的宏观环境

“对理财环境的研究，是在新形势下，提出来的新课题，其任务在于，为企业发展战略的判定和财务决策的进行，提供充分可靠的依据，为企业发展或脱困奠定财务基础。”（李军，2001）财务管理的宏观环境，是指宏观范围内普遍作用于各个部门、各地区、各类企业财务管理活动的条件。无论是社会经济的变化、市场的变动或是经济政策的调整、国际经济形势的变化，对企业财务活动都有直接或间接的影响。

财务管理的宏观环境包括经济、政治、社会、自然条件等因素。从经济角度看，主要有以下方面：

1. 经济形势及经济政策

国家经济发展规划、产业政策、经济体制的改革方案、有关财务法规等，对企业的生产经营和财务活动都有极为重要的影响。国家的各项经济政策都是用以促进国民经济发展的，但是对于不同地区、不同行业规定有倾斜政策、优惠措施，国家宏观指导对企业经济行为的不同规定，以体现不同的经济利益。因此，进行财务决策要认真研究国家的经济政策，沿着经济政策导向行事，趋利除弊，做到既有利于国民经济的发展，又有利于增强企业自身的经济实力。

2. 财政税收政策与制度

国家财政是国有企业原始投资和技术改造拨款的重要来源，各种企业的纯收入大部分以税金方式缴纳给国家。国家的财政状况和财政政策，对于企业资金供应和税收负担产生重要影响。当国家开发项目增多、财政紧张、需要调整拨款、扩大税源时，企业就应控制投资规模，增收节支，约束自我。国家各种税收的设置、税率的调整，具有调节生产经营的作用。企业财务人员应当熟悉国家税收法律、法规，不但要懂得各种税种的计征范围、计征依据，而且要了解税率的制定，减免税的规定，自觉地按照税法的导向进行经营活动和财务活动。

3. 金融政策及金融市场

商业银行和各种非银行金融机构，是企业筹集资金、融通资金的主要来源场所。金融环境对企业财务活动影响很大。银行各种贷款项目的设置，贷款条件的规定，利率的高低，浮动利率的实行等，直接影响企业的筹资数额和资金成本。企业往往要通过银行向社会筹集资金，并接受银行的监控。资金市场的发育程度，融资方式的开展情况，有价证券等其他金融手段的利用情况，承兑、抵押、转让、贴现等各种票据业务的开展程度，对企业资金活动都有极大影响。当资金市场宽松、融资条件较好时，企业应当充分利用有利时机，积极开展生产经营，适当扩大投资规模；当资金市场紧张，贷款利率较高，紧缩政策出现时，企业应该寻求相应的对策。

（二）财务管理的微观环境

财务管理的微观环境是存在于一定范围内对财务活动产生重要影响的各种条件。微观环境通常与企业内部条件有关。企业财务活动的状况和成果与企业的组织结构、生产经营活动、管理工作有密切的联系。企业经济效益的高低是企业各项活动质量的综合反映。脱离企业内部条件，要做好财务工作是不可能的。研究企业内部条件，就要弄清楚企业自身的生产经营特点、优势和劣势，分析造成这种情况的原因，结合宏观环境制定企业理财战略和措施。企业财务管理的微观环境，主要包括以下方面：

1. 销售环境

销售环境反映企业商品在销售市场上的竞争程度，影响企业商品在市场上的竞争程度，分为参加交易的生产者及消费者的数量和参加交易的商品差异程度两个因素。企业所处的销售环境按竞争程度可分为四种：①完全竞争市场；②不完全竞争市场；③寡头垄断市场；④完全垄断市场。

销售环境对企业财务管理具有重要影响。面对完全竞争市场的企业，因价格和销售量容易出现波动，风险大，利用债务资金要慎重。面对完全垄断市场的企业，价格波动不大，利润稳定，风险较小，资金占用量相对较少，可较多地利用债务资金，面对不完全竞争市场和寡头垄断市场的企业，要突出产品特色，创出名牌，加强售后服务，应在开发、科研、宣传、推销上投入较多资金。

2. 采购环境

采购环境是指企业采购物资时涉及采购数量和采购价格有关的条件。企业进行采购物资面临的环境，可分为稳定的采购环境和波动的采购环境。前者材料资源相对比较充足，运输条件正常，能保证生产经营需要。企业可以少储备，勤采购，不过多占用资金。后者物资相对比较紧缺，运输不是很正常，有时不能如期供货。因此，企业要设置物资保险储备，就需要占用较多资金。

采购环境按采购价格的变动趋势，可分为价格可能上升的采购环境、价格平稳的采购环境和价格可能下降的采购环境。对价格看涨的物资，企业通常要提前进货，投入较多资金。面对平稳的采购环境，企业可根据消耗量和仓储能力，有计划地采购，尽量节约资金占用。面对价格看落的物资，可在保证生产需要的情况下推迟采购，节约资金。

3. 生产环境

生产环境是指由人力资源、物质资源、技术资源构成的生产条件和企业产品的寿命周期。

从生产条件看，企业可划分为劳动密集型、技术密集型、资源密集型企业。劳动密集型企业的主要特点是所需工资费用较多，长期资金占用较少。技术密集型企业需要使用较多的先进设备，而所用人力较少，企业需要筹集较多的长期资金。资源密集型企业则需要投入大量的资金用于勘探、开发，资金回收期长。从企业产品的寿命周期看，产品寿命周期通常分为投入期（试销期）、成长期、成熟期、衰退期四个阶段。不同寿命的周期，收入多少，成本高低，收益大小，资金周转快慢，都有较大差别。企业进行财务决策，不仅要针对企业现时所处的阶段采取适当措施，而且要瞻前顾后，要预见性地进行投资，使企业的产品生产经营不断更新换代，经常保持旺盛的生命力。

第二节　现代企业财务管理的价值观念解读

资金的时间价值和投资的风险价值是现代财务管理中两个重要的价值观念。在企业筹资、投资、利润分配中都要考虑资金的时间价值和投资的风险价值。

一、资金的时间价值观念

资金的时间价值是指资金经历一段时间的投资和再投资所增加的价值。

资金的时间价值是客观存在的，因为资金的所有者不会将资金闲置，而总是将资金利用起来，或存入银行，或借出，或购买股票、债券，或投资实业，以获得利息、利润等投资收益。

资金的时间价值从量上看，也就是在没有风险和没有通货膨胀条件下的社会平均资金利润率。在竞争市场中，各部门、各行业的投资利润率趋于平均化。每个企业在投资某项目时，至少要取得社会平均利润率，否则，不如投资另外的项目。因此，资金的时间价值就成为企业资金利润率的最低限度，因而也是衡量企业经济效益好坏、考核企业经营成果高低的重要标准。

二、投资的风险价值观念

资金的时间价值是在没有风险和没有通货膨胀条件下的社会平均资金利润率。在企业财务活动中，完全没有风险的投资几乎是不存在的，只是风险大小不同。“当前在多种因素的影响下，现代企业管理失控和负债资金使用效益不确定性增强的情况不断出现，由此也就引发了一定的财务风险。”（马艳兰，2022）风险是客观存在的，企业通过计量、分散和降低风险获得增加股东收益的机会，这是财务管理需要研究的问题之一。

（一）投资风险的概念及分类

1. 投资风险的概念

风险是指在一定条件下和一定时期内可能发生的各种结果的变动程度。各种可能结果的变动程度越大，风险也越大，各种可能的结果变动程度越小，风险也越小。

在投资决策中，往往根据决策所处的条件，将决策分为三种类型，即确定型决策、风险型决策和不确定型决策。确定型决策是指一种方案未来出现的结果是确定的。由于未来的收益是确定的，投资者较易决策。风险型决策是指一种方案未来有多种结果出现，并且每种结果出现的概率是已知的。不确定型决策是指一种方案未来有多种结果出现，但每种结果出现的概率是不确定的。

2. 投资风险的分类

不同类别的风险具有不同的特征，其具体的风险控制方法也不同。因此，在研究风险管理时有必要从不同角度对各种风险进行分类。

（1）从个别投资主体的角度看，风险可以分为市场风险和公司特有风险。市场风险是指影响投资对象的因素引起的风险，这类风险涉及的是企业所处的宏观环境，所有企业都受其影响，是企业无法控制的因素，因此也称为不可分散风险或系统风险。

（2）从企业本身的角度看，风险分为经营风险和财务风险。经营风险是指企业因经营上的原因而导致利润变动的风险，也称商业风险。从利润的构成因素可看出，影响经营风险的因素有产品销售量、销售价格、产品生产成本。这些因素，企业可以对其产生影响，但不能完全控制，既取决于整个市场的需求量、竞争对手的情况，也与企业的成本、生产技术、工人和机器的效率有关。经营风险是普遍存在的，企业应通过加强市场调查、努力提高自身素质来降低经营风险。

（二）投资风险和收益率的关系

投资的风险收益是指投资者由于冒风险进行投资而获得的额外收益，又称投资风险报酬、投资风险价值。

由于市场竞争激烈，高风险投资必须有高收益，否则无人投资，低收益投资风险也低，否则也没有人投资。风险与收益的这种关系是客观存在的，而且投资者所冒的风险越大，得到的风险收益越高。也就是说，风险收益的大小与所冒风险的大小成正比。

第三节 现代企业财务管理的一般程序

一、财务预测及规划

（一）财务预测

财务预测是指利用企业过去和现在的财务活动资料，根据企业未来财务目标，结合企业未来经营战略和面临的财务管理环境，对企业未来营业收入增长及资金需求情况做出的科学推测与估计。

1. 财务预测的意义和目的

财务预测的意义和目的主要包括以下五个方面：

（1）财务预测是融资规划的基础和前提。企业要对外提供产品和服务，必须有一定的资产。营业收入增加的同时，也会带来流动资产和固定资产的增加。为取得对外销售所需增加的资产，企业要通过内源融资和外源融资来筹措资金。

（2）财务预测有助于改善投资决策。根据营业收入增长前景估计出的融资需要不能总是得到满足，因此，企业需要根据筹措的资金来安排营业收入增长，以及有关投资项目，使投资决策建立在统一的基础上。

（3）财务预测有助于评价企业价值的实现程度。企业通过财务预测可以估计未来发展能否实现总体价值目标，有助于股东或利益相关者确定对企业未来的预期目标。

（4）财务预测可以增强财务活动的可行性和一致性。除了创造企业价值这个总目标外，企业还有一系列具体的目标，如市场份额、财务杠杆、权益报酬率等。这些不同目标之间的联系很难看出来，财务预测和随之而来的财务规划可采用统一的结构来协调这些不同的目标，把它们紧密联系起来，实现可行性和一致性。

（5）财务预测有助于应变未来。财务预测是面向未来的，是一个超前思考的过程，缺乏准确性。但是财务预测给人们展现了未来的前景，促使人们制订应变计划，提高对不确定事件的反应能力，从而减少不利事件发生带来的损失，增加利用有利机会带来的收益。

2. 财务预测的一般程序

财务预测是进行财务规划的前提，财务预测将预期市场目标转化为预期财务目标，并进一步转化为预期资产需求和融资需求目标，从而进行财务规划。一般情况下，财务预测之前首先制定市场战略，其次经过预测收入，预测资产需求、融资需求等一系列过程。根据财务预测到财务规划的两次目标转化过程，财务预测的一般程序如下：

（1）预测营业收入。营业收入预测是财务预测的起点，是资产需求、成本费用、融资需求等一系列预测的基础。企业预测营业收入时需要分析过去及现在财务报表显示的业绩状况，并根据经营战略判断企业的发展状况，研究产品结构和市场结构等。

（2）预计各项资产和自发增长的经营负债。一般来说，资产与营业收入之间存在一定的数量对应关系，采用营业收入百分比法或回归分析法可以把这种对应关系用函数表示出来。根据预测期的营业收入和函数可以预计各项资产的数额。负债项目的预测与资产同理。

（3）预计各项费用和增加的保留盈余。营业收入百分比法假设营业费用、管理费用等利润表项目与营业收入也存在稳定的比例关系，这样可以根据预测的营业收入估计费用、支出和损失，并在此基础上确定净收益。净收益和股利支付率共同决定保留盈余所能提供的资金数额。

（4）预计外部融资需求。预测期的外部融资需求是根据会计恒等式计算的，资产总额等于负债总额与权益总额之和。因此，预测期资产增加额等于经营负债自发增长额、保留盈余增加额和外部融资需求额之和。

（二）财务规划

财务规划是在充分考虑使营业收入增长的投资需求与融资保障能力之间关系的前提下，对企业未来财务活动的整体性决策和科学判断。财务规划的基础和前提是进行财务预测，即财务规划是在对未来期间营业收入、资产、负债、权益等变化趋势与程度预测的基础上进行的，财务预测与规划可以为企业经济效益增长建立指南。

1. 财务规划的内容

财务规划的核心问题是协调营业收入增长和融资能力约束的配合关系。主要包括以下两个方面：

（1）营业收入增长要求下的融资需求。按照资产负债表从左至右的过程规划，即营业收入增长带来资产增长，资产增长先用自发性负债增长和留存收益增长满足，资金缺口需要外部融资。

（2）融资能力约束下可以实现的营业收入最大增长率。按照资产负债表从右至左的过程规划，即资本结构和融资规模决定了企业的融资能力，融资能力约束了资产的增长，从而限定了营业收入可以实现的最大增长。

2. 财务规划模型

企业的融资能力会限制企业的增长，从融资来源上看，企业增长的实现方式有三种：①完全依靠内部资金增长；②主要依靠外部资金增长；③平衡增长，也称为可持续增长。

（1）可持续增长率的假设条件。可持续增长率是指不增发新股并保持目前经营效率和财务政策条件下营业收入增长的最大比率。可持续增长率并非追求增长的最大化，企业应在不耗尽财务资源的情况下合理安排营业收入的增长，使得营业收入的增长与企业的财务政策相配合。过快或过慢的营业收入增长都有可能导致企业陷入财务困境。通过比较实际增长率和可持续增长率，企业可以判断增长目标是否与财务资源相配合，从而适时进行调整，促使企业健康发展。

（2）可持续增长率与实际增长率的关系。可持续增长率是企业当前经营效率和财务政策决定的内在增长能力。实际增长率是本年营业收入比上年营业收入的增长百分比。在不增发新股的情况下，它们之间有如下关系：

第一，如果某一年的经营效率和财务政策与上年相同，则实际增长率、上年的可持续增长率以及本年的可持续增长率三者相等。

第二，如果财务比率有一个或多个数值增长，则实际增长率就会超过本年的可持续增长率，本年的可持续增长率会超过上年的可持续增长率。

第三，如果财务比率有一个或多个数值比上年下降，则实际销售增长就会低于本年的可持续增长率，本年的可持续增长率会低于上年的可持续增长，这是超常增长之后的必然结果，企业对此要有所准备。如果不愿意接受这种现实，继续勉强冲刺，现金周转就会面临危机。

（3）如果财务比率已经达到企业的极限水平，单纯的销售增长有助于增加股东财富。

二、财务决策

决策理论是把第二次世界大战以后发展起来的系统理论、运筹学、计算机科学等综合运用于管理决策中，形成的一门有关决策过程、准则、类型及方法的较完整的理论体系。

决策理论广泛应用于管理、经济领域，推动了管理决策、经济决策相关概念的出现。其中财务决策便是决策理论在财务管理活动中的具体应用。

（一）财务决策的概念

财务决策是对财务方案、财务政策进行选择和决定的过程。财务决策的目的在于确定最为令人满意的财务方案。只有确定了效果好且切实可行的方案，财务活动才能取得好的效益，实现企业价值最大化的财务管理目标。因此，财务决策是整个财务管理的核心。财务预测是财务决策的基础与前提，财务决策则是对财务预测结果的分析与选择。财务决策是一种多标准的综合决策，决定方案的取舍，既有货币化、可计量的经济标准，又有非货币化的非经济标准，因此决策方案往往是多种因素综合平衡的结果。

（二）财务决策的类型

财务决策按照能否程序化，可分为程序化财务决策和非程序化财务决策。程序化财务决策是指对不断重复出现的例行财务活动所作的决策，非程序化财务决策是指对重复出现、具有独特性的非例行财务活动所作的决策。

（1）按决策时间划分。财务决策按照决策所涉及的时间长短，可分为长期财务决策和短期财务决策。

（2）按决策所处的条件划分。财务决策按照决策所处的条件，可分为确定型财务决策、风险型财务决策和非确定型财务决策。

（3）按决策所涉及的内容划分。财务决策按照决策所涉及的内容可分为投资决策、筹资决策和股利分配决策。

（三）财务决策的目的

所有决策的目的都是使企业目标最优化。例如，营利企业财务决策的目的是利润最大化，非营利慈善组织财务决策的目的是某种非定量化目标最大化。对于财务决策来说，其影响是短期的，较少考虑战略的因素，而主要注重收益最大化，或在收入不变的情况下寻求成本最低。

（四）财务决策中的障碍

如同企业管理决策中的其他决策一样，决策者企业财务决策过程中也会碰到一些障碍，通常可将财务决策过程中的障碍分为主观障碍和客观障碍两大类。

（1）财务决策过程中的主观障碍。财务决策过程中的主观障碍是指由决策者在决策过程中的不良心理效应而造成的障碍。因此，决策的主观障碍亦可称为决策的心理障碍。此类障碍具体有以下八种：

第一，完型心理障碍。所谓完型心理，即人们总是自觉或不自觉地追求完整或完美的一种心理。

第二，定式心理障碍。定式是人们从事某项活动时的一种预先准备的心理状态，它能影响后继的心理活动的趋势、程度、方式，其中包括知觉定式、思维定式、观念定式、情感定式、意向定式等。

第三，自利人格障碍。人的态度总是存在自利倾向，总是因为自我维护的需要而不自觉地形成相应态度。

第四，权威人格障碍。权威人格实际上是权威意识的泛化及定型。主要表现在两方面：一方面，决策者由于权威地位（包括其职位、社会地位、资历、专业地位等）而形成的封闭意识及独断人格，听不进反面意见，唯我独尊，一意孤行；另一方面，社会群体由于权威情结而形成依附意向、盲从意向。

第五，从众意向障碍。从众意向是指个体受到群体态度或行为的刺激后所表现出来的趋向。

第六，情绪意向障碍。决策活动伴随情绪的影响是经常的甚至是合理的，但由于情绪泛化会冲击人们的理性结构，导致非理性决策，因此过多过度的情绪也是决策的心理障碍之一。

第七，逆反情结障碍。逆反情结也称逆反心理，是个体由于刺激物的消极特征而诱发的非常规性质的逆向反应。

第八，拜物情结障碍。拜物情结是指在决策活动中重视物的因素而忽略人的因素，特别是忽略对人的心理状态及心理特征的分析。

（2）主观障碍的解决对策。决策中的主观障碍即心理障碍源于决策主体不良的心理效应，所以其解决对策主要集中在矫正决策者各种心理障碍上。具体做法有：①培养决策者的整体性思维；②培养决策者的自我否定意识；③提升决策者的职业道德素质；④强化决策者的人本主义意识。

（3）财务决策过程中的客观障碍。财务决策过程中的客观障碍是指由于组织所处环境的复杂多变性、人的认识能力和计算能力的有限性，使得财务决策者不可能无所不知，进而在决策过程中形成障碍。这类障碍源于决策者对客观世界认识的理性限制，其存在是客观的，对组织的影响也是客观的，故此类障碍称为客观障碍。其包括以下类型：

第一，决策者知识有限性障碍。知识的有限性限制决策者关于行动方案的制订、实施后果的预见以及对不同方案的评价能力，在决策过程中形成障碍。

第二，决策者预见能力有限性障碍。利用能力的限制决定了决策者对未来的预测不可能是完全准确的，他们所预测的未来环境与未来发生变化后的环境状况不完全相符，从而影响对不同方案未来实施效果的评价，在决策过程中形成障碍。

第三，决策者设计能力有限性障碍。在一定时间内，决策者能够考虑到的行动范围、设计出的备选方案的数量是有限的。

第四，决策者信息处理能力有限性障碍。决策者作为独特的个体，其信息处理能力相对于决策过程中所需处理的问题，从客观上来说是有限的，必然会造成决策的障碍。

（4）客观障碍的解决对策。决策中的客观障碍源于决策者对客观世界认识的理性限制，在决策实践中是客观实在。所以，决策者不可能完全消除这种影响，决策者能做的只是努力减弱人类理性有限性的消极影响，使组织的决策尽可能逼近“合理”的标准，具体做法有：①合理地分配决策权力；②组织专家参与决策；③组织员工参与决策。

（五）财务决策的步骤

一个完整的财务决策程序包括六个基本步骤：第一步，明确财务决策的问题，认识问题，诊断问题；第二步，确认最优化的目标，即收益最大或成本最小；第三步，在目标的制约下，根据资源和机会，设计备选方案，运用各种定性和定量的方法分析各方案的影响及其能够实现的目标；第四步，比较各备选方案，选择其中最优的方案，这一最优的方案就是使目标最优化的方案；第五步，执行备选方案，按所选备选方案，进行财务决策；第六步，进行方案执行后的效果评估，检验方案最后是否解决了财务决策问题，是否实现了决策目标。决策者进行财务决策需经如下具体步骤：

1. 明确财务决策的问题

在决策过程中，决策者必须知道哪里需要行动，因此决策过程的第一步是诊断问题或识别机会，这也是决策中最关键的一步。诊断问题是决策的关键，必然有其重要之处。当决策者面对问题需要作出决策时，必须认清问题所在，不能盲目诊断，否则结果会南辕北辙。

任何企业都面临一个由小到大的问题。企业规模变大以后怎么发展，主要有两条道路：一条是多元化，另一条是专业化。这时候，决策者就要为企业的发展作出决策，是多元化发展还是专业化发展。

2. 确定最优化的目标

确定决策目标是指确定决策所要解决的问题和达到的目的。目标的确定并非决策的基础与前提。在摸索选择中辨析自己的归宿与诉求；在具体的路径中揭示决策者的偏好与企图；在实际行动中逐渐审视和明确自己的目标。这样做虽然迫不得已，却也合乎情理。这样确定目标主要是因为：①决策者无法在事前明确地知晓或者清楚地描述决策的目标；②决策者目标的确立取决于所出现的备选方案与路径的特点及其可行性；③决策者面临多种相互冲突的目标，难以清楚地排序；④目标的明确通常是一个连续化的过程，需要在事中体会和修正以及在事后追认与确立。

3. 制订方案

所谓制订方案，就是以企业所要解决的问题为目标，对收集的情报和信息资料认真整理、分析和科学计算，并以此为依据制定出几个实现目标的方案，以供管理决策者选定。拟订方案也是一项比较复杂、要求较高的重要工作，有时需采用试验的方法，有时需要采用数学的方法，进行可靠性和可行性分析，说明几种方案的利与弊，然后提供备选。

目标确定之后，开始研究实现目标的途径和办法，制订实现目标的方案。决策方案要立足于公众，做好预测，坚持一般拟订方案的原则，重视方案的多样性。

4. 筛选和确定最优方案

决策过程的第四步是运用决策方法和根据决策标准对拟定的各备选方案进行分析论证，做出综合评价，确定所拟定的各种方案的价值或恰当性，选出其中最为满意的方案。为此，决策者要具备评价每种方案的价值或相对优势和劣势的能力，在评估过程中，要使用预定的决策标准（如预期的质量）并仔细判断每种方案的预期成本、收益、不确定性和风险，最后对各种方案进行排序。

5. 执行方案

选定方案之后，接下来是执行方案。执行方案是进行具体的计划安排，组织实施，并对计划执行过程进行控制和搜集执行结果的信息反馈，以便判断决策的正误，及时修改方案，确保决策目标的实现。决策者要明白，方案的有效执行需要足够数量和种类的资源作保障。如果组织内部恰好存在方案执行所需要的资源，那么决策者应设法将这些资源调动起来，并注意不同种类资源的互相搭配，以保证方案的顺利执行。如果组织内部缺乏相应的资源，则应想办法找到所需要的资源。

相对于客户提案、可行性方案，执行方案把策划的重心放在了“如何高效实施”上。既要避免内容过于理论性而不便于具体应用，又要避免形式平淡而无新意。更重要的是，执行方案还将企业相应的考评制度、营销模式及管理章程融入其中，将方案的意义、执行的方法宣贯给每一个执行人，使其产生巨大的实践价值，最终实现策划的初衷，达成执行方案的目标。

可以说执行方案是完全个性化的，不具有通用性，同一个企业在不同的时间、地点所采用的执行路径也是不同的，所以，设计执行方案必须建立在有针对性的、独一性的目标上。

6. 效果评估

效果评估是对项目投资的不同方案预期成本和效果的比较，也可以是对几个条件相同、项目相同的终期既成的成本效果的比较。

效果评估的双重作用：一方面，是对活动执行效果的评价，有利于总结经验教训，及时调整下一步执行；另一方面，也是对执行代理公司策划、执行能力的考量。活动效果评估指标实际也是衡量执行代理公司在本次执行推广中的价值指标。这不单单是对执行代理公司的一种考核，通过这样的评估，执行公司更容易发现自身在执行中存在的问题，更好地改善服务、提升自己。效果评估既可以检测企业执行推广的效果，又可以考核为企业自身提供服务的执行公司。其双层价值的存在，是企业必须重视和去执行的一项工作。

三、财务控制

随着财务控制的作用在现代财务体系中得到进一步强化和提升，财务控制已经成为财务管理的核心内容和重要环节。原因在于，由于企业内部多层次代理关系的存在而形成的财务层次，以及企业财务实务中必须处理的各种财务关系，都需要规范与协调。只有在财务控制框架下解决和协调好企业内部各行为主体之间以及企业与外部各利益相关者之间的关系和矛盾，才能保证财务管理目标的最终实现。所以，居于财务管理核心地位的财务控制与财务预测、财务计划、财务决策、财务分析一起构成了一套完整的企业财务管理系统。

充分认识财务控制的重要地位和作用，切实加强企业财务控制，成为现代企业在激烈的市场竞争中谋求生存、发展的关键。

（一）财务控制的内容

1. 财务控制的构成

（1）控制环境。控制环境是指对建立、加强或削弱特定政策、程序及其效率产生影响的各种因素。环境要素是推动企业发展的引擎，也是其他一切要素的核心。财务控制环境不但直接影响财务控制的建立，还直接决定财务控制实施的效果以及财务控制目标的实现。

（2）风险评估。企业必须制定目标，而且该目标要和销售、生产、财务等作业相结合。为此，企业需要建立可发现和辨认、分析和管理相关风险的机制，以随时了解自身面临的风险，并适时加以处理。

（3）控制活动。企业必须制定控制的政策和程序，并予以执行，以帮助管理阶层保证其控制目标的实现。

（4）信息和沟通。围绕在控制活动周围的信息与沟通系统，使企业内部员工能及时获得他们在执行、管理和控制企业经营过程中所需要的信息，并交换这些信息。

（5）监督。企业必须对整个财务控制的过程进行恰当的监督，必要时通过监督活动对财务控制过程加以修正。

2. 财务控制与预算

企业财务循环体系包括财务控制与预算两个方面，二者既存在联系，又有区别。它们是相互依存、相互配合的关系。

（1）财务控制与预算的联系：①目的相同。编制预算的目的是加强对企业各项经济活动的控制，而预算的目标就是控制的标准。预算一经制定，就要组织实施，而控制就是实施的具体过程。②目标一致。财务控制需要具体的财务目标，而财务预算是财务目标的具体化，二者的目的都是控制经济活动。预算目标不仅能够帮助企业员工更好地明确自己的目标，而且能够使员工清楚地了解自己部门的任务，从而保证企业未来一定期间的生产经营活动不致脱离决策、计划所确立的正常轨道，进而保证企业总体目标的实现。

（2）财务控制与预算的区别：①性质不同。预算体现在目标上，只是控制的工具；而控制是一种管理活动，表现为一个完整的活动过程，财务预算的执行要依靠财务控制。②各自的职能、地位不一样。预算的职能在于协调，而控制的职能是制衡（包括监督和调节）；预算只是一个目标，是财务控制的主要依据。

（二）财务控制体系

1. 财务控制的组织系统

财务控制的组织系统主要解决控制和被控制问题，即财务控制主体和被控制对象的问题。从控制主体层面看，企业的所有者（或公司董事会）应该围绕财务控制工作建立和提供有效的组织保证。就控制对象（即企业的各项财务活动）而言，应该本着有利于将财务预算分解落实到企业内部各部门、各层次和各岗位的原则，建立各种执行预算的责任中心，使各个责任中心对于分解的各项预算指标能够在可控的状况下承担并完成责任。

2. 财务控制的制度系统

财务控制的制度系统包括企业组织机构的设计和企业内部所采取的各种相互协调的方法和措施。这些方法和措施的主要作用是为了保护企业财产安全，检查企业财务信息和会计信息的准确性和可靠性，以进一步提高经营效率，确保既定管理方针的实施。此外，围绕财务预算执行而建立的诸如人事制度、奖惩制度等相关保障措施或制度，也应该包括在制度系统的范畴之内。

3. 财务控制的预算目标

财务控制的预算目标是财务控制实施的主要依据。预算一经制定，就要组织实施，而控制就是实施的具体过程之一。

4. 财务控制的信息系统

信息是控制的基础，财务控制不能没有信息。财务控制信息系统是一个既能跟踪、监控各个责任中心预算执行情况，又能及时反馈和调整执行偏差的动态的信息系统。

5. 财务控制的奖惩制度

为了提高财务控制的最终效果，奖惩制度的制定必须与责任中心的预算责任目标相结合，同时还需要与之配套的、严格的考评机制，并且要求过程考核与责任考核相结合，只有这样奖惩制度才是切实可行的。

（三）财务控制原则

财务控制原则是指对建立和设计财务控制制度具有指导性的法规和标准。财务控制原则是解决为实现控制目标应当如何科学地建立和设计财务控制制度的问题。财务控制的原则如下：

第一，合法性原则。合法性原则是指内部控制制度必须符合有关法律法规的规定，体现法律法规和政策的要求，以保证控制系统的权威性。坚持合法性原则是建立内部控制系统的前提条件。

第二，全面性原则。全面性原则是指在符合企业内部控制系统要素要求的前提下，业务流程的设计必须能够覆盖企业业务活动的全貌和企业经营管理的各个环节，并将业务流程中关键控制点落实到政策、执行、监督等各个环节，不得留有制度上的空白或遗漏。

第三，岗位分离原则。岗位分离原则是指在企业会计业务流程中对不相容职务进行岗位分设，以避免相关部门和岗位之间产生串通舞弊、谋取私利的风险。

第四，有效性原则。有效性原则是指在内部控制制度构建过程中，应注意体系的严密性、协调性、适度性和简便性，力求有效防止错误和弊端的发生。企业设计财务控制制度时，要考虑国家的需要，同时也要根据企业的内外环境与经营特点因地制宜地进行；既要注意制度的健全、手续的完备，又要抓住控制的重点，注意程序的简化，切勿生搬硬套、盲目采用。

第五，协调性原则。协调性原则是在业务流程设计中，各部门或人员必须相互配合，各岗位和环节都应协调同步，从而保证业务程序和手续能够紧密衔接，保持业务活动的连续性和有效性。

第六，相互牵制原则。相互牵制原则是指一项完整的业务活动，必须经过具有相互制约关系的两个或是两个以上的岗位在横向关系中，至少要有彼此独立的两个部门或是人员办理；在纵向关系上，至少要经过互不隶属的两个岗位和环节，以使下级受上级的监督，上级受下级的牵制。

四、财务分析

财务分析是指利用会计报表及其他有关资料，运用科学方法对企业财务状况和经营成果进行比较、评价，满足企业经营管理者、投资者、债权人及政府有关部门掌握企业财务活动情况和进行经营决策的需要的一种方法。

（一）财务比率分析

企业财务报表提供了企业特定日期财务状况和特定时期经营成果与现金流量的信息。企业通过对这些信息进行分析，计算某些财务比率指标，对财务状况进行评价，从而对经营管理情况有更深刻的了解与认识，作出正确的经营管理决策。

企业财务比率分析的内容包括财务状况、经营成果以及现金流量分析，具体包括偿债能力、营运能力、盈利能力和发展能力分析。

1. 偿债能力分析

企业偿债能力是指企业对各种到期债务偿付的能力。企业偿债能力是反映企业财务状况和经营能力的重要标志。企业偿债能力低，不仅说明企业资金紧张，难以支付日常经营支出，而且说明企业资金周转不灵，难以偿还到期应偿付的债务，甚至面临破产的危险。

（1）长期偿债能力分析。长期偿债能力是指企业偿还长期债务的能力。衡量企业长期偿债能力的标准是企业资金结构是否合理、稳定，以及企业长期盈利能力的大小。因此，分析长期偿债能力的主要指标有：资产负债率、有形资产负债率、产权比率（负债总额），所有者权益比率或非流动负债总额与所有者权益比率、利息保障倍数等指标。

（2）影响企业偿债能力的其他因素。企业在分析偿债能力时，除了使用上述指标以外，还应考虑以下因素对偿债能力的影响。这些因素既可影响企业的短期偿债能力，也可影响企业的长期偿债能力。

第一，或有负债。或有负债是企业在经营活动中可能会发生的债务。或有负债不作为负债在资产负债表的负债类项目中进行反映，但或有负债一旦成为企业现实的负债，则会对企业的财务状况产生重大影响，尤其是金额巨大的或有负债项目。

第二，担保责任。在经济活动中，企业可能会发生以本企业的资产为其他企业提供法律担保的情况。这种担保责任在被担保人没有履行合同时，则会成为企业的负债，增加企业的债务负担，但是，这种担保责任在会计报表中并未得到反映，因此，企业在进行财务分析时，必须考虑是否有巨额的法律担保责任。

第三，经营租赁活动。企业经营租赁的资产，其租赁费用并未包含在负债之中，如果经营租赁的业务量较大、期限较长或者具有经常性，则对企业的偿债能力产生较大影响。

第四，可动用的银行贷款指标。可动用的银行贷款指标是指银行已经批准而企业尚未办理贷款手续的银行贷款限额。这种贷款指标可以随时使用，以增加企业的现金，提高企业的支付能力，缓解目前的财务困难。

不同的人分析财务报表关心的重点往往不同。对于偿债能力是否越强越好，不同的报表使用者有不同的答案。站在所有者和经营者的角度，偿债能力越强越好，反过来说明企业没有充分利用负债给企业带来的好处。

2. 营运能力分析

营运能力是企业的资产运用（管理）效率，它是衡量企业管理人员运用资金的能力。实质上是企业通过生产资料的配置，对企业财务目标所产生作用的大小。因此，营运能力的分析主要是生产资料营运能力的分析。

企业拥有或控制的生产资料表现为各项资产占用。生产资料的营运能力实际上就是企业的总资产及其各个组成要素的营运能力。资产营运能力的强弱主要取决于资金周转速度。实际上，生产资料营运能力分析，就是分析流动资产、固定资产和总资产周转情况。

一般来说，周转速度越快，资产的使用效率越高，则营运能力越强；相反，营运能力越差。周转率（周转次数）和周转期（周转天数）是资金周转速度指标的两种表示形式。所谓周转率（周转次数），即企业资金在一定时期内资产的周转额与资产平均余额的比率，它反映企业资金在一定时期的周转次数，周转次数越多，周转速度越快，表明营运能力越强。所谓周转期（周转天数），即资金周转一次需要的天数，周转一次需要的天数越少，说明周转速度越快，利用效果越好。

3. 盈利能力分析

企业在一定期间内实现的主营业务利润、营业利润、利润总额和净利润，在利润表上均有反映。将利润表提供的经营成果信息转化为盈利指标进行对比，可以反映出企业的盈利水平；将企业的各项盈利指标与行业标准或先进指标进行比较，可以反映出企业的盈利能力。认真分析利润表所提供的信息，有助于评价企业盈利能力，制定对策，提高企业经济效益。

盈利能力，是指企业赚取利润的能力，是企业财务能力的集中体现。利润是企业内外有关各方都关心的“对象”。利润是企业所有者取得投资收益、债权人获取本息的资金来源，也是经营管理者的经营业绩和管理效益的集中表现。因此，盈利能力是综合分析企业实力和发展前景的重要指标。

盈利能力指标主要用来考察企业的盈利情况，借以评价企业的资本收益水平和获利能力。企业盈利能力的一般分析指标包括主营业务收入利润率、成本利润率、净资产收益率和资本保值增值率等。

4. 发展能力分析

企业对发展能力进行分析，通常使用企业连续几期的会计报表，这样才能进行趋势分析，既反映了企业过去几年的发展状况，也可以根据比率结果预测企业未来的发展趋势。发展能力的衡量指标主要包括营业收入增长率、资本积累率、利润增长率和可持续增长率等。

（1）营业收入增长率。营业收入增长率是指企业本年营业收入增长额同上年收入总额的比率。营业收入增长率表示与上年相比，企业营业收入的增减变动情况，是评价企业成长状况和发展能力的重要指标。

营业收入增长率是衡量企业经营状况和市场占有能力、预测企业经营业务拓展趋势的重要标志，也是企业扩张时资金需求的前提，不断增加营业收入是企业生存的基础和发展的条件。

（2）资本增长率。

第一，资本积累率。资本积累率是指企业本年所有者权益增长额同年初所有者权益的比率。资本积累率表示企业当年资本的积累能力，是评价企业发展潜力的重要指标。

第二，总资产增长率。总资产增长率是企业本年总资产增长额同年初资产总额的比率。总资产增长率是衡量企业本期资产规模的增长情况，评价企业经营规模总量的重要指标。

第三，资本保值增值率。资本保值增值率是所有者权益的期末总额与期初总额的比值，是对企业经营成果是否形成积累的增加作出评价，用来反映投入资本的完整性和增值性。

第四，固定资产成新率。固定资产成新率是企业当期平均固定资产净值同平均固定资产原值的比例。

第五，三年利润平均增长率。三年利润平均增长率表明企业利润连续三年增长情况，体现了企业的发展潜力。

利润是企业积累和发展的基础，该指标越高，表明企业积累越多，可持续发展能力越强，发展潜力越大。利用三年利润平均增长率指标，能够反映企业的利润增长无孔不入和效益稳定程度，较好地体现企业的发展。

（二）财务综合分析

财务综合分析，就是将企业的营运能力、偿债能力和获利能力等诸方面的分析纳入一个有机体系，认真分析其相互关系，全方位评价企业财务状况和经营成果，这对判断企业的综合财务状况具有重要作用。

1. 财务综合分析的特点

财务综合分析的特点，体现在其对财务指标体系的要求上。一个健全有效的财务综合指标体系必须具备三个基本要素：①指标要素齐全适当；②主辅指标功能协调匹配；③提供信息的多维性。

（1）指标要素齐全适当。指标要素齐全适当意味着所设置的评价指标必须能够涵盖企业获利能力、偿债能力及营运能力诸方面总体考核的要求。

（2）主辅指标功能协调匹配。所谓主辅指标功能协调匹配，实际上强调两个方面：①在确立获利能力、偿债能力、营运能力诸方面评价主辅地位；②不同范畴的主要考核指标应反映企业经营状况、财务状况的不同侧面与不同层次的信息，应当全面、翔实地揭示出企业经营理财的业绩。

（3）提供信息的多维性。提供信息的多维性要求评价指标体系必须能够提供多层次、多角度的信息资料，既能满足企业内部管理层实施决策的需要，又能满足外部投资者和政府经济管理机构等利益相关者据以决策和实施宏观调控的要求。

2. 财务比率综合分析法

（1）沃尔评分法。20 世纪初，美国学者亚历山大·沃尔在其《信用晴雨表研究》和《财务报表比率分析》中提出了信用能力指数的概念，把若干个财务比率用线性关系结合起来，以此评价企业的信用水平。他选择了七项财务指标，根据不同的重要性，对每项财务指标给定不同的权重，然后确定标准比率，并与实际比率相比较，评出每项指标的得分，最后求得总评分。

若实际得分大于或接近 100 分，则说明财务状况良好；反之，若相差较大，则说明财务状况较差。它开创了企业综合财务指标体系的先河。

尽管沃尔评价体系在企业财务评价发展过程中起到了非常重要的作用，但是由于它本身具有很大的局限性，目前在财务评价中已很少被采用。

首先，理论基础比较薄弱。沃尔评价体系是以利润最大化为业绩评价的目标导向，在若干财务比率中选择了此项财务指标作为评价标准，但这七项指标并不能全面有效地反映企业的综合状况，而且对每项指标的赋权具有主观性。

其次，评价结果对异常值非常敏感，由于该体系的指标数量少且每项指标的权重较高，如果市场出现微小变化，则评价结果就会出现较大的波动。如果市场变化较大，该指标体系可能会因为各指标变化的相互抵消而显现不出任何异常，从而使评价体系失效。

（2）现代综合评分法。为了更全面地进行综合财务分析，当前广泛采用的财务综合分析是将反映偿债能力、营运能力和获利能力的比率归类，得出各方面的状况。运用指数法编制综合分析表的步骤如下：

第一，选定评价企业财务状况的比率。通常选择能够说明问题的重要比率，并且偿债能力、营运能力和获利能力三类比率因反映财务状况的侧重点不同，故应分别从中选择若干项具有代表性的比率。

第二，根据各项比率的重要程度，确定重要性系数。各项比率的系数之和应等于 1，重要程度的判断，需根据企业经营财务状况、发展趋势以及企业所有者、债权人和管理人员的态度等具体情况而定。

第三，确立各项比率的标准值。财务比率的标准值是指各项财务比率在本企业现实条件下最理想的数值，即最优值。

第四，计算企业在一定时期各项财务比率的实际值。

第五，求出各项财务比率的实际值与标准值的比率，称为关系比率。

第六，求得各项财务比率的综合指数及其合计数。各项比率的综合指数是关系比率和重要性系数的乘积，其合计数可作为综合评价企业财务状况的一个依据。一般而言，如果综合指数合计数为 1 或接近 1，则表明企业的财务状况基本达到标准要求；如果与 1 有较大差距，则表明财务状况偏离标准要求较远。在此基础上，还可进一步分析具体原因。

（三）财务分析需要注意的问题

第一，比率分析运用的比率必须在财务报告上的一些有关联项目金额之间进行计算比较，但客观上存在滥用比率分析的倾向，对一些财务报表上没有关联的项目也进行比率计算和比较，这必然会使比率分析徒有形式，缺乏选择比率的合理基础，也无法得出正确的解。财务报告是会计的产物，会计有特定的假设前提，并要执行统一的规范。

第二，趋势分析是以本企业历史数据作为比较基础的一种分析方法，但历史数据代表过去，并不代表合理性；另外，经济环境是不断变化的，今年的利润比去年高，不一定说明已经达到应该达到的水平，甚至不一定说明管理有了改进。实际数据在计划标准之间的差异分析，是以计划预算作为比较基础进行的。但实际和预算的差异，有时是预算不合理造成的，而不是执行中出现了偏差。

第三，对同一会计事项的账务处理。会计准则允许使用几种不同的规则和程序，企业可以自行选择。不同企业对会计政策的不同选择，必将影响报告数据的横向可比性。虽然财务报告附注对会计政策的选择有一定的表述，但使用人未必能完成可比性的调整工作。所以，报表使用者必须仔细阅读报表及其附注，以确定报表之间的对比程度。另外，会计年度终结的日期不同，也会产生不同的结果。

第四，财务分析所依据的数据都是过去发生的经济业务的结果，是根据财务报告上的静态历史资料计算得出的比率。这种历史资料经过一段时间的分析、研究，早已不具备制定决策所需要的及时性的信息要求。历史资料只能在预测和制定未来决策前提供有限的参考，它忽视了对评价企业管理效能极为有用的动态信息，如流动资金的变化。因此，建立在这些数据上的财务分析，不能也无法作为制定决策的绝对依据。

第五，只有根据真实的财务报告，才有可能得出正确的分析结论。财务分析通常假定报告是真实的。报告的真实性问题，要借助审计来解决，财务分析不能解决报告的真实性问题，因此，财务报告的真实性也是影响比率分析的重要因素。在具体操作中，企业应注意财务报告是否规范、是否有故意遗漏，同时要注意分析数据的反常现象，剔除偶然因素的影响。

综上所述，可见财务分析并不能为评价和判断企业财务状况和经营成果提供十分精确的尺度。所以，企业在进行财务分析时必须充分运用一切必要的补充手段，在全面、完整、充分地掌握静态信息的基础上，适当调整上述局限性带来的影响。

第四节　现代企业财务管理模式分析

一、现代企业财务管理模式遵循的原则

（一）总体原则

总体原则，一方面，说明对财务管理模式体系进行研究时，要有一个总的观念。确定现代企业财务管理模式体系，先进行战略性研究与规划，制定一个宏观框架。这个规划应当是在对现代企业财务规律性正确认识的基础上，对现代财务理论要素按一定逻辑关系进行系统分类，并使之按内在的逻辑关系进行排列组合，使各要素能恰当地归位。另一方面，要求根据财务活动的规律性和从财务理论的功能出发，研究财务问题。构建财务管理模式，既不能完全脱离理性抽象和逻辑思辨，即一般性理论研究，又要着眼于财务实践，逐一研究具体的财务问题。

（二）逻辑一致原则

从耗散结构论的观点出发，财务管理模式体系也应是一个分层次的、浑然一体的按一定逻辑关系形成的模式体系。财务模式有其区别于其他学科的独特对象，并在特定时期形成自己特定的研究范围，即理论结构体系应涵盖整个财务领域。因此，依照系统论的观点，构建我国现代企业财务管理模式，不仅需要反映完整的理论层次内容，而且必须合理界定各层次的理论范围，从而体现我国财务模式体系的完整性和前后一致的逻辑自洽性，否则就会造成财务实践的混乱。

（三）继承原则

企业在进行现代企业财务管理模式探讨时，既要广泛吸收现代科学精华和经济思想，又要继承已有的财务知识。传统的模式虽有不足，但其中包含了许多科学的成分，对构建我国财务管理模式，仍有明确的指导意义和重要的参考价值，特别是对传统的行之有效的财务理论和方法不能完全抛弃，要合理吸收，古为今用。

（四）前瞻原则

目前，我国正在进行经济体制改革，处于市场经济的初步建设时期，构建现代企业财务管理模式体系时，应充分考虑市场经济下的运行机制，要求构建的模式，既能满足市场经济初级阶段的要求，又能满足其发展和完善的要求。只有这样，现代企业财务管理模式体系才有实际意义和生命力，更好地指导企业的财务活动。

二、以资金管理为中心的财务管理模式

（一）统一管理模式

统一管理模式是由企业最高决策机构统一管理、支配、调度企业资金的一种高度集权的资金管理模式，强调资金使用集中、统一，这样不仅有利于对各部门资金需求的调度，还可以减少资金分散和财务费用过高等问题。根据统计资料发现，一些规模较大，实行统一资金管理与核算的企业，由于集中管理资产，统一控制工资水平，统一预算，控制管理费用和销售费用，统一信贷等，提高了资金使用效率，降低了费用成本，加速了资金周转，提高了资金效益。

然而，统一资金管理模式并非所有企业都适应，资金运用的集中统一，要求有较为畅通的信息提供与反馈渠道，要有能够充分发挥作用的控制监督手段，同时要能够保证资金使用决策的正确性和资金使用的高效性。否则，这种模式将无法发挥应有的作用。该模式的缺点是资金使用效果的权、责、利关系不够理顺，难以调动部门的积极性，不同层次资金使用的约束机制难以形成。

（二）分级管理、统一调度模式

一些规模较大的企业或集团公司较多使用分级管理，统一调度的模式。该模式是将企业的资金管理分散到下属生产经营单位、部门和各子公司，下属企业具有相对独立的资金管理权，但企业最高决策机构（股东会、总公司）仍保留统一调度资金的权力。这种模式与统一管理模式不同的就是强调资金的分散管理，明确资金使用的权利、责任和义务，调动各部门的积极性。企业在强调资金在各子公司分散管理的同时，也强调企业资金的统一调度权，满足企业整体发展战略的实施，即当企业需要重大项目投资，偿还大规模贷款等关系到企业整体利益时，企业急需大量资金，最高决策机构有权调动各部门的存款或物资，以满足决策的需要。

该模式有效地避免了资金统一管理中权、责、利不明确的缺点，它要求比较准确地划分资金定额及权限，要建立相应的经营机制和约束机制，防止资金的“体外循环”，防止部门利益妨碍企业整体利益。

（三）内部银行模式

“内部银行是企业随着发展为提高资金管理水平所进行的金融创新。”（吴双伶，2019）内部银行是指将银行的结算体系和企业管理相结合，根据各二级单位的业务范围和性质，结合企业及二级单位的具体情况，以内部银行为结算中心，对各二级单位的成本费用分别实行定额、目标和包干核算，其核心内容是模拟资金市场运行，实现资金控制和有效使用的目标。内部银行模式是我国大中型企业在 19 世纪 80 年代初创造的一种资金管理模式，并在当时被国有企业，特别是一些规模较大企业集团广泛运用，取得积极的效果。

内部银行具有资金集中管理，统一对外筹资、对内对外办理结算，办理内部存贷款业务等功能。内部银行模式的具体操作由于企业单位情况不同而各不相同，但其主要作用可概括为以下几种：

第一，确立责任单位，分解落实责任指标，明确经济责任和利益，有利于节约资金。

第二，实行责任会计制度，改变了资金管理机制，有利于内部结算的顺利实现以及内部核算网络的完善。

第三，加强了各单位及其职工的价值观念，将以前的事后核算改为事前控制，通过内部银行确保了各项考核指标的准确性，便于分清责任，这就使得各单位必须注重各项支出的合理性，做到巧安排、强控制。

（四）财务结算中心模式

财务结算中心是根据企业集团财务管理和控制的需要在集团内部成立的，为集团成员企业办理资金融通和结算，以降低资金成本，提高资金使用效益的服务机构。财务结算中心具有以下特点：

第一，财务结算中心是根据集团资金管理和控制的需要成立的，并不是所有企业管理都必须成立财务结算中心。例如集团成员企业大多不在同一地区，不可能办理统一结算，自然就不能成立财务结算中心。

第二，财务结算中心只属于集团内部的服务机构，不是经营单位，既不是分公司，也不是子公司，是一个资金管理的职能部门，不以盈利为目的，这是它与财务公司的本质区别。

第三，财务结算中心的主要任务是为集团成员企业办理资金结算和融通。资金结算包括现金结算和转账结算，资金融通包括以企业集团名义进行的外部资金融通和在集团成员企业之间的内部资金融通。提供资金结算和融通的范围限于集团成员企业。

企业集团拥有全资、控股、参股企业较多，尤其是大规模的企业集团。集团范围内的资金流量和存量均很大，由于集团内企业经营方式、产品种类及市场特点等方面存在差异，各个企业对资金需求在时间上和空间上也存在差异，即资金需求的“时间差”和“空间差”。建立财务结算中心是使资金得到合理应用，充分挖掘资金潜力，发挥企业集团资金规模优势，保障资金运营安全的有效方法。

（五）财务公司模式

财务公司是专门办理企业集团内部金融业务的新型的非银行金融机构，是由集团内部各成员企业共同出资经办的股份有限公司。财务公司和财务结算中心有很大的相似性，可以说财务公司是财务结算中心作用和功能的延伸。两者的本质区别就在于财务结算中心不是经营单位，不具有法人资格，不直接承担盈亏责任，只不过是集团内部的一个服务单位；财务公司是一个独立的经营单位，一般具有法人资格，它并非职能管理部门，而是相对独立的机构，它的目标是通过资金运营，保证企业资金供应，创造利润，提高资金使用的效益。

财务公司具有与财务结算中心类似的功能，只是财务公司除了具有财务结算中心和资金管理中心功能外，还具有集团企业的筹资中心和融资中心功能。企业集团组建财务公司有利于加速企业集团内部资金结算；有利于提高集团内部资金使用效率，实现集团规模效益；有利于促进企业集团产品销售和扩大市场；有利于充分利用国家政策，增加资金利得，节约资金成本；还有利于企业集团优化产品结构，调整产业结构。财务公司紧紧依托企业集团，在加强资金管理、支持集团发展等方面发挥了积极的作用。

三、科学的财务管理模式

在市场经济条件下，根据现代企业制度的客观要求，构建现代企业的“两权、三层次”财务管理模式需要按照四个标准：①是否有利于各企业建立“自主经营、自负盈亏、自我发展、自我约束”的运行机制；②是否有利于强化企业内部管理；③是否有利于调动各级管理层的积极性；④是否有利于企业经济效益的提高。

我国绝大部分国有企业最终都要改造为公司制企业，即有限责任公司和股份有限公司。这种类型企业根据四个标准的要求，应该采取“两权、三层次”的财务管理模式。“两权”是指企业的出资者和经营者对企业财务都具有直接管理权；“三层次”是指现代企业中企业财务的管理职权在股东会、董事会、经理及财务管理职能部门不同管理层次之间进行划分。

现代企业“两权、三层次”财务管理模式的主要特点是权责明确、密切配合。从企业的出资者和经营者来说，两者对企业财务都有管理权，但出资者在企业财务管理中占主导地位，而经营者处于协助和配合的地位。这不仅是由于企业股东会（出资者）对企业财务的重大事项具有决策权，更重要的是对企业财务的主要事项具有决策权和控制权的董事会及其成员具有双重身份，他们首先是出资者，然后才是经营者。

企业董事会对企业财务在行使职权方面代表出资者，而在承担责任方面代表经营者。企业财务由出资者和经营者共同管理、密切配合，不仅能照顾到企业出资者的利益，也能照顾到企业经营者和债权人的利益。从企业财务的管理层次来讲，股东会是最高管理层，在股东会对企业财务的重大事项做出决策后，董事会才对其组织实施，监事会对其进行监督。董事会属于执行股东会决议的管理层次，可在具体执行中对企业财务的主要事项进行决策和计划。

企业的经理及财务管理职能部门进行具体的组织实施，因此，董事会是起承上启下作用的联络出资者与经营者关系的管理层次。企业财务管理的职能部门是企业经理下属的职能部门，代表企业经理对企业财务行使管理权，所以企业经理和其下属的职能部门同属一个财务管理层次。该管理层主要组织实施董事会的有关决议，但在具体执行中也制订计划和实施控制，并对企业财务的日常事项进行管理，它属于最低管理层。实际上，企业财务管理层次中处于中心地位的是董事会管理层。

由此，结合现代企业理财观念，按照四个标准的要求，现代企业应该建立“两权、三层次”的财务管理模式。“两权、三层次”财务管理模式在企业具体实施中是指建立以资金管理为中心，坚持建立、健全以资金管理为中心的财务管理制度。通过发行可转换债券和发展融资租赁等新的筹资渠道，发展多样化的筹资机制和建立企业内部投资、外部投资和风险投资机制等全方位的投资机制。

第五章

现代企业财务管理的内容范畴

第一节　现代企业筹资与投资管理

一、现代企业筹资管理

企业资金的筹集是根据企业生产经营活动、对外投资和调整资本结构的需要，通过一定的筹集渠道和资金市场，运用一定的筹资方式，经济有效地筹措和集中资金。“资金的筹集和运用是企业财务管理的一项重要内容，它关系到企业的日常盈利及发展能力的高低。”（吴继良，2018）企业的筹资活动，有其目的和动机，并遵循筹资的基本要求，按一定的程序进行。

（一）企业筹资的目的

企业筹资的基本目的是维持自身的发展。企业筹资的动机多种多样，例如，为了重置设备、引进高技术、进行技术和产品开发筹资；为了对外投资，兼并其他企业而筹资；为了资金周转和临时需要而筹资；为了偿付债务和调整资本结构而筹资等。概括来说，企业筹资动机有以下三种：

第一，扩张筹资动机。扩张筹资动机是企业为了扩大生产经营规模或追加对外投资的需要而产生的筹资动机。这种动机是由于企业处于成长时期，具有良好的发展前景：企业生产经营的产品供不应求，需要增加市场供应；开发和生产适销对路的新产品；追加有利的对外投资规模；开拓有发展前途的对外投资领域等。

第二，偿债筹资动机。偿债筹资动机是企业为了偿还债务而形成的借款动机，即借新债还旧债。偿债筹资有两种情况：一是调整性成长筹资，即企业虽有足够的能力支付到期旧债，但为了调整原有的资本结构，仍然举债，使资本结构更加合理；二是恶化性偿债筹资，即企业现有的支付能力已不足以偿付到期旧债，而被迫举债还债，表明企业财务状况恶化。

第三，混合筹资动机。企业因同时需要长期资金和现金而形成的筹资动机为混合筹资动机。通过混合筹资，企业既扩大了资产规模，又偿还了部分旧债，即在筹资中混合了扩张筹资和偿债筹资两种动机。

（二）企业筹资的要求

企业筹集资金的基本要求是研究影响筹资的多种因素，讲求资金筹集的综合经济效益。具体要求如下：

第一，合理确定资金需要，提高筹资效果。企业生产经营活动所需要的资金，有合理的数量界限。资金不足会影响企业的生产经营活动，资金多余又会造成资金浪费。只有一个合理的数量，才能使资金的筹集量和需要量达到平衡，从而产生较好的经济效益。企业要确定合理的资金需要量，首先要对资金需要进行预测。通过科学预测，可以了解哪些环节需要资金、需要多少，从而合理确定筹集资金数额。

第二，周密研究投资方向，提高投资效果。投资是决定是否筹资、筹资多少的主要因素。投资收益与资金成本相权衡，决定是否要筹资，而投资数量则决定筹资数量。因此，必须确定有利的资金投向，决定是否筹资，确定筹集数量，避免不顾投资效果的盲目筹资。

第三，认真选择筹资来源，力求降低资金成本。企业筹集资金的渠道和方式多种多样，无论采用何种筹集渠道和方式都要付出一定的代价，即资金占用费和资金筹集费。不同资金来源的筹集代价各不相同，而且取得资金的难易程度也不一样。因此，要综合考查各种资金渠道的筹资方式，研究各种资金来源的构成，求得最优的筹资组合，以便降低资金成本。

第四，适时取得资金来源，合理安排资本结构。资金的筹集要按资金的投放时间来合理安排，避免取得资金过早或过迟造成资金投放前的闲置或滞后，从而贻误投放的有利时机。企业的资本结构一般由自有资本和借入资本构成。企业进行负债经营，由于借款利息可在所得税前列入成本，对企业净利润影响较小，可以提高自有资金利润率。但负债的多少要与自有资本和偿债能力的要求相适应，既要防止负债过多导致财务风险过大，偿债能力过低，又要有效地利用负债经营，提高自有资金的收益水平。

第五，遵守国家有关法规，维护各方合法权益。企业的筹资活动影响社会资金的流向和流量，涉及有关各方的经济权益，因此必须接受国家宏观指导控制，遵守国家有关法律法规，实行公开、公平、公正的原则，履行合同责任，维护各有关方面的合法权益。

（三）企业资金筹集的渠道和方式

1. 资金筹集的渠道

筹集资金的渠道是指企业取得资金来源的方向与通道，它体现着资金的源泉和流量。

随着国家经济体制改革的深化和金融市场的建立、完善，企业筹资渠道已出现多样化格局。具体有以下来源渠道：

（1）国家财政资金。国家对企业的投资历来是国有企业的主要资金来源，大部分是过去由国家以拨款方式投资而形成的。国家财政资金具有广阔的源泉和稳固的基础，仍然是国有企业筹集资金的重要渠道。国家投资的特点包括：不具备借贷性质，不存在还本付息问题，资金数量一般较大，产权属国家所有，一般是投向国有企业。

（2）银行信贷资金。银行贷款是企业单位以及林业部门中的林场、苗圃的重要资金来源。我国主要的专业银行有工商银行、农业银行、建设银行、中国银行、交通银行以及中信实业银行和投资银行等。这些专业银行都有较雄厚的资金实力，并有国家财政存款、居民储蓄等经常增长的资金来源。这些金融机构所提供的信贷资金、贷款方式多种多样，能灵活适应企业的各种资金需要。

（3）非银行金融机构资金。非银行金融机构主要指银行以外的、由各级政府主办、以融通资金为主要目的的金融机构，主要有信托投资公司、租赁公司、保险公司、证券公司、企业集团的财务公司及街道集体成立的信用社等。它们有的承销证券，有的融资融物，有的为一定的目的而集聚资金。这些金融机构资金，供应方便灵活，对保证企业正常生产、解决临时困难具有很大作用。

（4）其他企业资金。企业在生产经营活动中，往往有部分暂时闲置的资金可供企业之间相互调剂使用。随着横向经济联合的发展，企业之间的资金融通更加广泛深入，这就为筹资企业提供了资金来源。其他企业资金的投入包括联营、入股、债券及各种商业信用，既有长期的稳定投入，又有短期的临时融通。

（5）民间资金。企业职工和城乡居民的节余货币，都可以向企业投资，形成民间资金渠道，为企业所利用。职工集资入股，能更好地体现劳动者与劳动资料的直接结合，增加劳动者主人翁的责任感，有利于促进生产的发展和经济效益的提高。企业经批准可以公开向社会发行股票、债券，吸引民间资金。这一筹金渠道对动员闲置的消费资金、积极投入企业生产经营需要具有重要作用。

（6）企业自留资金。企业内部形成的资金，主要是计提折旧，提取公积金和未分配利润而形成的，可用于企业的周转，其来源多少主要取决于企业的经济效益。

（7）外商资金。外商资金是指外商可向企业投入的资金。由于我国社会主义市场经济体制的建立和开放政策的扩展，来华投资者的国别和地区日益增加，投资规模也不断扩大。吸收外资不仅可以满足生产经营资金的需要，而且能引进国外先进技术和管理经验，促进企业技术进步、产品质量的提高。

2. 资金筹集的方式

资金筹集方式是指企业取得资金的具体形式。“随着我国经济发展水平的不断提高，企业体制改革已进入快速发展的轨道，企业的筹资方式也逐渐呈现多元化趋势。”（徐莹，2016）同一渠道的资金往往可以采用不同的方式取得。企业的筹资方式除了国内传统采用的国家拨款、银行借款、企业内部积累外，还可以采用发行股票、债券，进行租赁、联营、合资合作经营、补偿贸易、商业信用等方式筹资。筹资方式可以按以下方法分类：

（1）按照筹资是否形成资本金，筹资可划分为权益筹资方式和负债筹资方式两类。权益筹资方式筹得的资金形成企业的资本金，主要包括国家拨款、发行股票、联营、合资经营等。负债筹资方式筹得的资金形成企业的债务，主要包括银行借款、发行债券、租赁、补偿贸易、商业信用等。

（2）按照筹得的资金使用期限的长短，筹资可划分为长期筹资方式和短期筹资方式。长期筹资方式筹集的资金使用期限一般超过一年或者可以永久使用，主要包括发行股票、长期债券、银行长期借款等。短期筹资方式筹集的资金使用期限一般在一年以内，主要包括短期银行借款、短期债券、商业信用和其他短期负债（应付税金、应付工资、应付股利等应付款项）。

（3）按照筹资的地域不同，筹资可划分为国内筹资方式和国际境外筹资方式。国际筹资方式主要包括举办中外合资合作企业、国际租赁、补偿贸易、国外（境外）银行和国际金融机构贷款、在境外发行股票、债券等。

（四）企业资金筹集的程序

选择合适的筹资渠道和筹资方式，减少企业筹集资金的盲目性，节约资金成本，则必须按照科学的程序进行筹资。企业筹集资金的基本程序如下：

第一，进行投资决策，确定资金投向。确定资金投向，是合理筹集资金的先决条件。通过市场调查和预测，可以了解企业的生产经营活动，衡量为市场所需的程度，据此确定企业的发展方向，并根据新产品开发试制方案、价格与成本水平，最后确定资金投向，制订投资方案。

第二，盘点资金，挖掘自有资金潜力。充分借用外来资金进行生产经营，能提高自有资金的利用率。但过分的负债经营往往会带来较大的财务风险，甚至会使企业由于偿债能力丧失而破产。因此，企业在复杂的财务环境中，首先要立足于自身的条件，在充分挖掘、发挥自身资金的潜力和效能的同时，选出最优的资本结构来进行负债经营。

第三，拟订筹资方案，进行方案评估。企业实现筹资目标往往有多种途径和办法。只有提出一定数量可供选择的方案，使之有比较和选择的余地，才能获得最佳的投资方案。对拟出的各种筹资方案，应进行分析、权衡和论证，即进行筹资方案评估。方案评估方法一般包括：可行性研究、协调性分析、综合效益分析和风险评估分析。

第四，确定筹资方式。确定筹资方式是指在拟定的各种筹资方案中选出具体条件下相对最优的筹资方案。一般情况下，企业对资金的长期需要，宜采用长期银行借款、企业债券、企业股票、融资租赁等方式。对于短期资金的需要，宜采用银行借款、商业信用等形式。

二、现代企业投资管理

（一）证券投资

1. 证券分类

证券是指用以证明或设定权利所做成的书面凭证，代表持有人所拥有的财产所有权或债权等特定权益，可随时变现。证券按不同分类标准可做以下划分：

第一，按证券发行主体，证券可划分为政府证券、金融证券和公司证券。政府证券是指中央政府或地方政府为筹集资金而发行的证券；金融证券是指银行或其他金融机构为筹措资金而发行的证券；公司证券，又称企业证券，是指工商企业为筹集资金而发行的证券。一般而言，公司证券风险较大，金融证券风险次之，政府证券风险较小。

第二，按证券期限，证券可划分为短期证券和长期证券。短期证券是指期限在一年以内的证券，如一年期国库券、商业票据、银行承兑汇票等；长期证券是指期限长于一年的证券，如股票、债券等。一般而言，短期证券风险小，变现能力强，但收益率相对较低，长期证券的收益率较高，但时间长、风险大。

第三，按证券的收益状况，证券可划分为固定收益证券和变动收益证券。固定收益证券是指在证券票面上规定有固定收益率的证券，如债券票面上一般有固定利息率，优先股一般也有固定股息率，都属于固定收益证券；变动收益证券是指证券的票面上不标明固定的收益率，其收益情况随企业经营状况的变动而变动的证券，最典型的如普通股。固定收益证券风险较小，但报酬不高；而变动收益证券风险大，但报酬较高。

第四，按证券体现的权益关系，证券可划分为所有权证券和债权证券。所有权证券是指证券持有人是证券发行单位的所有者的证券。这种证券的持有人一般对发行单位有一定的管理和控制权。股票是典型的所有权证券，股东便是发行企业的所有者。债权证券是指证券持有人是发行单位的债权人的证券。当发行单位破产时，债权证券要优先清偿，而所有权证券要在最后清偿。

2. 证券投资的目的

（1）短期证券投资的目的。短期证券投资的目的是替代非营利的现金，以便获得一定的收益，主要有以下两方面原因：

第一，短期证券作为现金的替代品，可防止现金短缺可能产生的损失。由于短期证券变现能力强，企业在有多余现金的时候，常将现金兑换成有价证券，待企业现金流出量大于流入量、需要补充现金的不足时，再出让有价证券，换回现金，在这种情况下，有价证券就成了现金的替代品。

第二，获取投资收益，满足季节性经营对现金的需求。由于证券的利率一般高于银行存款利率，企业持有有价证券比持有现金获取的收益大。从事季节性经营的企业，年内某些月份有剩余现金，而另一些月份则出现短缺，这些企业通常在现金有剩余时购入有价证券，而在现金短缺时出售变现有价证券。企业在做短期证券投资时，必须充分了解发行企业的资信情况，选择信用程度高、变现能力强、报酬率高的证券进行投资。

（2）长期证券投资的目的。

第一，获取投资报酬。企业如拥有比较充裕的现金，而本身又没有盈利较高的投资计划，便把长期闲置的资金投资于证券，以便增加收益。

第二，获取控制权。企业从战略上考虑，需要控制其他企业时，便动用一定的资金购买该企业的股票，直到拥有其股权、控制该企业为止。

3. 证券投资的特点

证券投资是指投资者将资金投资于股票、债券、基金及衍生金融证券等资产，从而获取收益的一种投资行为。与实物投资比较，证券投资有如下特点：

第一，流动性强。证券资产的流动性明显高于实物资产。

第二，价格不稳定。证券资产相对于实物资产来说，受人为因素的影响较大，且没有相应的实物作保证，其价值受政治、经济环境等各种因素的影响较大，具有价值不稳定、投资风险较大的特点。

第三，交易成本低。证券交易过程快速、简捷，成本较低。

4. 证券投资的种类

金融市场上可供企业投资的证券具体有以下几种：

第一，债券投资，是指投资者购买债券以取得资金收益的一种投资活动。

第二，股票投资，是指投资者将资金投向股票，通过股票的买卖和收取股利以获得收益的投资行为。

第三，基金投资，是指投资者通过购买投资基金股份或受益凭证来获取收益的投资方式。投资者享受专家服务，有利于分散风险，获得较高且稳定的投资收益。

第四，期货投资，是指投资者通过买卖期货合约（即在将来一定时期以指定价格买卖一定数量和质量的商品而由商品交易所制定的统一的标准合约，它是确定期货交易关系的一种契约）躲避价格风险或赚取利润的一种投资方式。

第五，期权投资，是为达到盈利目的或规避风险而进行期权买卖的投资方式。

第六，证券组合投资，是指企业将资金同时投资于多种证券。

5. 证券投资的风险

第一，利率风险，是指市场利率变化导致证券价格波动而使投资者遭受损失的可能性。

一般来说，市场利率上升，会导致证券价格下跌；相反，市场利率下降，则会导致证券价格上升。

第二，购买力风险，又叫通货膨胀风险，是指由于通货膨胀率上升和货币贬值而使投资者出售证券或到期收回所获取的资金的实际购买能力下降的风险。购买力风险对具有收款权利性质的资产影响很大，债券投资的购买力风险远大于股票投资。

第三，市场风险，是指因证券市场变化不定，证券的市价有较大不确定性或难以预见性，从而造成投资者损益的不确定性。

第四，违约风险，是指证券发行人无法按期支付利息或偿还本金的风险。

第五，变现风险，又叫流动性风险，是指企业无法在短期内以合理价格出售有价证券的风险。如果投资者遇到另一个更好的投资机会，需在短期内出售有价证券，以实现新的投资，但找不到愿意出合理价格的买主而丧失新的投资机会或者蒙受损失。

第六，期限性风险，是指由于证券期限长而给投资者带来的风险。投资期限越长，投资的不确定性因素越多，投资者承担的风险就越大。

（二）债券投资

1. 债券投资的特点

债券是发行者为筹集资金，向债权人发行的在约定时间支付一定比例的利息，并在到期时偿还本金的一种有价证券。企业债券投资有两个目的：一是合理利用闲置资金，调节现金余额。例如企业进行短期债券投资，就是在现金余额太多时，通过购买短期债券使现金余额降低；而当现金余额太少时，通过出售手中的短期债券收回现金，从而使现金余额提高。二是获得稳定收益。企业投资长期债券就是这一目的。

债券投资有如下特点：

第一，易受投资期限影响。无论是长期债券投资还是短期债券投资，都有到期日，债券到期收回本金，同时意味着本次投资结束。

第二，投资权力有限。债券持有人有权投资债券，同时按照约定取得利息，到期收回本金，但是无权参与被投资企业的经营管理。

第三，收益稳定，投资风险小。债券的投资收益通常在购买时已经确定，与股票相比，债券收益率不高但稳定性强，投资风险较小。

2. 债券价值与投资决策

第一，债券价值。债券投资主要是为了获得收益。对债券持有者而言，购买债券后，可定期获取固定利息。正常情况下，债券投资产生的现金流量，就是每年的利息收入和债券到期时的本金回收。影响债券价值的因素主要有债券的票面利率、期限和所采用的贴现率等。债券一旦发行，由于面值、期限、票面利率都相对固定，此时市场利率成为影响债券价值的主要因素。市场利率是决定债券价值的贴现率，市场利率的变化会造成系统性的利率风险，表现为：①利率变化影响债券价值；②长期债券对市场利率的敏感性会大于短期债券；③当市场利率低于票面利率时，债券价值对市场利率的变化较为敏感，市场利率稍有变动，债券价值就会发生剧烈的波动。当然，与短期债券相比，长期债券的价值波动较大，特别是票面利率高于市场利率的长期溢价债券，虽易获取投资收益，但安全性较低，利率风险较大。

第二，债券投资决策。债券投资决策主要是对投资时机、投资期限及债券种类作出选择的过程，决策的结果就是在符合约束条件的前提下，尽可能实现投资目标。证券投资决策通常包括积极的投资策略和消极的投资策略两种。积极的投资策略表现为：一是根据预期利率的变动主动交易；二是采用控制收益率曲线法，通过持续购买期限较长的债券，实现较高投资收益率的目标。典型的消极投资策略就是买入债券并持有至到期。

3. 债券认购

（1）债券的面值认购，亦称平价认购，即企业购入债券实际支付的款项等于债券的面值。

（2）债券的溢价认购，亦称超价认购，即企业购入债券实际支付的款项高于债券的面值。

（3）债券的折价认购，亦称低价认购，即企业购入债券实际支付的款项低于债券的面值。

债券的溢价和折价，要受银行利率和兑付期的影响。一般情况下，如果债券的票面利率高于银行利率，债券会溢价；反之，则折价。债券的兑付期限越近，购入时支付的价款越高；反之，则越低。

4. 债券投资收益及管理

债券投资收益是指债券到期或卖出时收回的金额与债券购入时的投资额之差。债券投资收益一般由两部分组成：一部分是利息收入，即债券的发行者按债券票面金额的一定比例支付给债券持有者的那部分货币；另一部分是买卖差价，即债券中途买卖时价格往往不一致，当买价低于卖价时，卖出者就会获利；当卖价低于买价时，卖出者就会遭受损失。

债券投资收益的大小，可以用投资收益率指标表示。债券投资收益率是指每期（年）应收利息与投资额的比率。

（三）股票投资

1. 股票投资的目的

股票是股份有限公司为筹集权益资本而发行的有价证券，是持股人持股的凭证。股票本身没有价值，它之所以有价格，可以买卖，是因为它能给持有者带来收益。股票价格分为开盘价、收盘价、最高价和最低价等，投资者在进行股票估价时主要使用收盘价。股票价格会随着经济形势和公司的经营状况的变化而升降。

企业进行股票投资，有两个根本目的：一是获利，即为了获得股利收入以及股票转让差价，其中股利是公司对股东投资的回报，它是股东所有权在分配上的体现；二是控股，通过大量购买某一特定企业的股票进而达到控制该企业的目的。如果以获利为目的，应分散投资；如果以控股为目的，则应集中投资。

2. 股票投资的特点

股票投资与债券投资都属于证券投资。证券投资的共同特点是高风险、高收益和变现快。但与债券投资相比，股票投资具有以下特点：

第一，投资风险大。由于股票投资属于权益性投资，持有人作为股东有权参与发行公司的经营决策，股票只能转让而不能要求股份公司偿还本金，所以，股票投资者既要承受股票发行公司经营不善可能形成的收益损失，又必须面对股票市场价格变动可能造成的贬值损失，因而风险较大。

第二，投资收益高，但是收益不够稳定。股票投资因为风险大，所以收益也较债券投资高，但其投资收益没有债券的固定利息稳定。

第三，价格波动大。由于股票价格既受发行公司经营状况影响，又受股市投机因素的影响，所以股票价格波动较大。

（四）基金投资

基金投资是指一种利益共享、风险共担的集合证券投资方式，即通过发行基金股份或受益凭证，集中投资者的资金由基金托管人托管，由专业基金管理人管理和运用资金从事股票、债券等金融工具投资，以规避投资风险、谋求投资收益的证券投资工具。基金对引导储蓄资金转化为投资、稳定和活跃证券市场、提高直接融资的比例、完善社会保障体系、完善金融结构以及促进证券市场的健康稳定发展和金融体系的健全完善具有极大的促进作用。

1. 基金投资的种类

第一，根据基金组织形式的不同，基金可划分为契约型基金和公司型基金。契约型基金是由管理者、受托者和投资者（受益者）三方订立信托投资契约，由基金经理公司根据契约运用信托财产，由受托者（信托公司或银行）负责保管信托财产，而投资成果则由投资者（受益者）享有的一种基金。公司型基金则是按照《中华人民共和国公司法》以公司形态组建的投资基金，投资者购买公司股份成为股东，由股东大会选出董事、监事，一再由董事、监事投票委任某一投资管理公司来管理公司的资产。

第二，根据基金变现方式的不同，基金可划分为开放式基金和封闭式基金。开放式基金是一种发行额可变，基金份额总数可随时增减，投资者可按基金的报价在基金管理人指定的营业场所申购或赎回的基金。封闭式基金则事先确定了发行总额，在封闭期内基金份额总数不变，发行结束后可以上市交易，投资者可通过证券商买卖基金份额。

第三，根据基金投资标的的不同，基金可划分为股票基金、债券基金、货币市场基金、期货基金、期权基金、认股权证基金、基金中的基金和混合基金等。

2. 基金投资的特点

第一，专家理财是基金投资的最大优点。一般而言，基金管理公司配备的投资专家都具有深厚的投资分析理论功底和丰富的实践经验，善于采用科学的方法来研究股票、债券等金融产品，投资行为一般趋于理性，从而使基金投资者能够在不承担较大风险的前提下获得较高的投资收益。

第二，投资方便是基金投资的基本立足点。证券投资基金最低投资量起点要求一般较低，投资方便，能够满足小额投资者对于证券投资的需求，投资者可根据自身财力决定投资大小。再则，由于投资基金流动性强，大多有较强的变现能力，使得投资者收回投资时非常便利。此外，我国目前对基金投资收益均实行免税政策。

第三，组合投资是基金投资的最大特点。组合投资，可分散风险。基于风险与收益平衡的考量，基金投资一般分散投资于多种不同类型、不同风险的股票，自然能够达到分散风险的目的。

第四，规模投资是基金投资的最大亮点。证券投资基金通过汇集众多中小投资者的资金，形成雄厚的实力，形成规模效应，从而可以分别投资于多种股票。

（五）对外投资管理

对外投资是指企业在符合国家有关政策法规的前提下，以现金、实物、无形资产或购买股票、债券等有价证券方式向其他单位投资。

1. 对外投资的原因

（1）企业在经营过程中存在闲置资金。这些资金在企业暂时得不到充分利用。为了提高资金的使用效益，企业须积极寻找对外投资的机会，如购买股票等短期投资，最终目的是获得高于银行存款利率的投资收益率。

（2）分散资金投向，降低投资风险。现代企业资本管理的一项重要原则是使资本分散化，以便降低风险、控制风险。资本分散化的结果是，当某个项目不景气、利润下降时，其他项目可能获取较高的收益，这样，盈利与亏损相互抵消，企业可以避免损失，分散风险。

（3）稳定与客户的关系，保证正常的生产经营。在日益激烈的市场环境中，由于资源短缺，企业为获得稳定的原材料来源，必须与原材料供应商保持良好的业务关系。可通过购买有关企业的股票，或向有关企业投入一定量的资金，控制或影响其经营活动。有时企业为了扩大产品销售，也可以向经销单位投资，以维持良好的合作关系。在社会主义市场经济条件下，企业享有充分的自主权。对外投资是企业投资决策所赋予的一项财务活动。大力开展对外投资，鼓励企业相互投资，在一定程度上加大了市场经济对资源配置的重要作用，这对发展企业之间的横向经济联合，充分利用闲置资金，提高资金的使用效率等都具有重要意义。

2. 对外投资的分类

（1）按照对外投资的目的及期限划分。对外投资按其目的和期限的长短不同，可划分为短期投资和长期投资，这是对外投资最基本的分类。短期投资是指能够随时变现，持有时间不超过一年的有价证券以及不超过一年的其他投资。其目的是调度暂时不用的资金获得一定的收益。若企业生产经营资金周转发生困难，即可随时将其变为现金，参加生产经营周转。长期投资是指不准备随时变现、持有时间在一年以上的有价证券以及超过一年的其他投资。其投资的主要目的是控制其他企业或是积累资金。

（2）按照投资的性质及形式划分。对外投资按其性质和形式不同，可划分为有价证券投资和其他投资。有价证券投资是指以企业的资金获取有价证券而进行的对外投资，如购买股票、债券等；其他投资是指以企业的资金向其他企业或单位投出的、但没有获取有价证券的投资，如对外合作经营企业、内联企业的投资。

（3）按照投资的经济内容划分。对外投资按其经济内容的不同，可划分为货币资金投资、实物投资、无形资产投资。货币资金投资是指企业以现金或银行存款进行的投资；实物投资是指企业以存货、固定资产等进行的投资；无形资产投资是指以专利权、商标权、著作权、土地使用权、非专利技术、商誉等无形资产进行的投资。这一分类的优点是便于对各种对外投资进行合理的计价。

现行财务制度规定，企业对外投资按照投出时实际支付的价款或者评估确认的金额计价。以现金、银行存款等货币资金方式对外投资的，按照实际支付的金额计价；以实物、无形资产对外投资的，按照评估或合同、协议确定的价值计价；企业认购的股票，按照实际支付款项计价，实际支付的款项含有已宣告发放但尚未支付股利的，按照扣除其股利后差额计价；企业认购的债券，按照实际支付的价款计价，实际支付款项中含有应付利息的，按照扣除应计利息后的差额计价。

3. 对外投资政策

（1）确定投资目标。企业根据经营总目标，结合自身的实际情况，确定投资目标、选择投资客体即确定向谁投资、投资于何种项目等。

（2）选择投资类型。企业根据投资目标，选择进行短期投资还是长期投资；是有价证券投资还是其他投资；是用现金、实物投资还是用无形资产投资等。

（3）进行可行性研究，选择最佳方案。企业应围绕投资目标，提出各种可行性方案，并对投资方案的收益、风险等进行全面分析、综合评价，从中选择最优方案。

（4）组织投资方案的实施。当投资项目完成或在投资项目执行中，要用科学的方法，对投资业绩进行评价。通过评价，总结经验教训，及时反馈各种信息，为以后投资决策提供依据，并适当调整原有投资对象，便于实现投资目标。

第二节　现代企业的资产管理

一、现代企业流动资产管理

流动资产是指可以在一年或者超过一年的一个营业周期内变现或者耗用的资产，包括现金及各种存款、短期投资、应收及预付款项、存货等。流动资产是流动资金的物质形态，流动资金是流动资产的货币表现。现金及各种存款，是指企业的库存现金以及人民币存款和外币存款等。它们是企业流动性最强的资产，是企业重要的支付手段，同时也是其他流动资产转换的最终对象。

短期投资，是各种能够随时变现、持有时间不超过一年的有价证券以及不超过一年的其他投资，主要包括可以在证券市场上随时出售、收回现金或银行存款的债券、股票等。应收及预付款项，是应收款和预付款的统称，是指企业因销售商品、物资和供应劳务而向购货单位收取的款项，具体包括应收票据、应收账款、其他应收款、预付款、待摊费用等。它们属于企业的短期性债权，是构成企业流动资产的重要项目。存货，是指企业在生产经营过程中为销售或者耗用而储备的物资。存货是流动性较强的资产，而且在企业的流动资产总额中占有较大比重。

（一）企业流动资产的特点

第一，实物和价值的耗费与补偿同时完成。企业的生产经营过程既是劳动对象等物质要素持续消耗的过程，又是以价值形态参与生产周转的过程。劳动对象一经投入生产，其实物形态或化学性能将构成产品的实体，有助于产品的形成。与此同时，其价值也完全转移到新生产的产品中去，构成产品价值的一部分。待产品销售取得销售收入时，其价值便一次全部得到。

第二，占用形态既相继转化又并存。企业流动资产的周转，一般都是从货币形态开始，转化为储备物质形态，再由储备物质形态转化为在产品和产成品形态，最后由产成品形态转化为货币形态。当企业将这部分货币形态的流动资产投入到下一个生产经营过程中时，流动资产又开始了新的循环周转。流动资产从货币形态开始，最终又回到货币形态的相继转化过程，叫作流动资产循环。流动资产周而复始的循环就是流动资产的周转。在流动资产的循环与周转中，由于企业的生产经营是连续不断地进行的，因此，企业流动资产的各种占用形态在时间上是相继转化，在空间上又是并存的。这种继起性和并存性互为条件，互相制约，共同决定着流动资产的周转和循环。

第三，循环周转速度快。流动资产的循环和周转是与企业的生产经营周期同步进行的，其实物形态是通过参加一个生产周期就改变原有形态，其价值也是在产品销售后随之收回。而企业的固定资产价值的转移与补偿，需经过若干生产经营周期才能完成一次循环。相比之下，流动资产的循环周转速度要比固定资产的循环周转速度快得多。

在流动资产管理上，要结合以上特点合理组织生产经营活动，加速流动资产的循环和周转，并通过流动资产循环周转速度的变化，及时发现和解决生产经营过程中出现的问题，促进企业不断提高流动资产的利用效果。

（二）企业流动资产分类

第一，按资产的占用形态，流动资产可划分为现金及各种存款、短期投资、应收及预付款和存货。

第二，按资产在生产经营过程中的作用不同，流动资产可划分为生产性流动资产和流通性流动资产。

生产性流动资产，是指占用在企业生产领域中的各项流动资产，包括各种原材料、燃料、包装物、低值易耗品、协作件、在产品和待加工的自制半成品等。流通性流动资产，是指占用在企业流通领域的流动资产，包括产成品、外购商品、现金、银行存款和各种应收款项。生产性流动资产是企业进行生产经营活动的前提条件，且占用比重较大，是流动资产管理的重要部分。

流通性流动资产代表企业的实际支付能力，应加强管理，同时，要尽量避免流通性流动资产数额过大，以防止产成品积压和应收账款沉淀。

第三，按资产的变现情况，流动资产可划分为速动资产和非速动资产。

速动资产是指能迅速转化为现金的流动资产，主要包括现金、应收账款、短期投资等。非速动资产，是指不能迅速转化为现金的流动资产，主要有存货等。

（三）企业流动资产的管理要求

流动资产管理，是企业财务管理工作的重要组成部分。加强流动资产管理，对加速流动资产周转，提高流动资产使用效果具有重要意义。企业对流动资产进行管理时，应遵循以下要求：

第一，正确预测流动资产的需要。流动资产需要量，是指企业在一定时期内所需要的合理的流动资产占用量，即它既能保证企业生产经营需要，又无积压和浪费。企业要做好流动资产的管理工作，就必须用科学的方法，考虑经营规模、流动资产周转速度、市场状况等影响因素，正确预测流动资产的需要量，为企业合理使用流动资产提供科学依据，同时也便于企业进行流动资产的考核和控制。

第二，合理筹集和供应流动资产所需要的资金。企业通过预测确定流动资产需要量之后，就应该选择合适的筹资渠道和方式，以较低的资金成本筹集企业所需要的流动资金，并将筹集的资金及时、足额地供应给企业生产经营需要。

第三，科学控制流动资产的占用数量。企业流动资产的占用量如果过多或出现不必要的占用，则是一种浪费，也将给企业造成损失。因此，在流动资产管理中，企业应在保证生产经营活动正常需要的前提下，科学地控制流动资产的占用数量，提高流动资产的利用效果。

第四，不断加速流动资产的循环与周转。随着企业生产经营规模的扩大和发展，流动资产的需要量会越来越多，而企业为筹集大量资金，相应付出的代价也越来越大。解决此矛盾，除依靠银行借款等外部渠道外，在企业内部应加速流动资产循环与周转，挖掘流动资产潜力，达到多增产少增资、增产不增资、节约流动资金、提高资金利用的效果。

二、现代企业固定资产管理

（一）企业固定资产的特点

固定资产是指使用期限在一年以上、单位价值在规定标准以上并且在使用过程中保持原来物质形态的资产。固定资产包括房屋、建筑物、机器设备、运输设备、工具器具及其他与生产经营有关的设备、器具、工具等。企业的固定资产从购建开始，沿着投入使用、价值损耗、价值转移、价值补偿、重新购建的顺序，完成一次价值的循环和周转。从固定资产的价值运动角度来说，固定资产有如下特点：

第一，投资的一次性和回收的多次性。企业购建固定资产时，必须一次性支付相当数额的资金，而固定资产价值的回收又是通过折旧的形式逐渐回收的，其价值的回收具有多次性。

第二，价值补偿和实物更新分别进行。由于固定资产的价值补偿是随着固定资产的使用逐渐实现的，而固定资产的实物更新，则是在该项固定资产不能或不宜继续使用时，用积累的资金进行一次性更新的。所以，固定资产的价值补偿和实物更新是分别进行的。

第三，完成一次循环的周期较长。固定资产能在多个再生产过程中发挥作用，其价值也要经过多个生产周期，才能全部完成一次循环。其循环周期的长短又取决于固定资产的使用时间，与生产周期的长短无关。因此，固定资产的使用时间越长，完成一次循环的周期就越长。

（二）企业固定资产管理要求

根据固定资产价值循环与周转的特点，企业固定资产的管理主要有以下要求；

第一，正确预测固定资产需要。由于固定资产在企业生产经营中使用时间长，投资数额大，一旦投资决策失误，将会造成巨大损失。企业在进行固定资产投资时，必须结合具体情况对固定资产的需要量进行预测。同时，应根据生产任务、生产规模、生产能力等具体情况，采用科学的方法预测企业固定资产的需要量，并在充分挖掘固定资产潜力的情况下，使企业合理占用固定资产，以尽可能少的固定资产满足企业生产的需要。

第二，正确、及时计提折旧。企业提取的折旧，是固定资产更新的资金来源，只有正确、及时提取折旧，才能使固定资产在生产中的损耗得到补偿，保证固定资产实物更新的顺利进行。因此，企业应根据国家有关规定，结合本企业的具体情况，合理确定固定资产的折旧年限，正确规范折旧的范围，选用适当的折旧方法，及时足额地计提折旧。对于提取的折旧，企业应加强管理，避免流失。

第三，保证固定资产的完整无缺，提高固定资产的利用效果。企业加强固定资产管理的基本条件是保证固定资产的完整无缺，建立健全固定资产管理制度，明确固定资产的管理范围，严格固定资产的收发、保管制度，反映固定资产增减变动及结余情况的财务手续和记录完备，定期对固定资产进行清查等，所有这些都是实现固定资产完整无缺的保证。此外，企业应尽量增加生产性固定资产在全部固定资产中的比重，充分挖掘潜力，发挥固定资产的功能，减少固定资产的占用量，提高固定资产的利用效果。

（三）企业固定资产的日常管理

1. 固定资产的归口分级管理

企业固定资产的内容复杂，它们分散在企业各个使用地点，在生产过程中的具体作用又各不相同。因此，管好、用好固定资产，必须调动企业各部门、各单位和广大职工群众分级管理，是企业制定资产管理的一项重要制度。

（1）固定资产归口管理就是按固定资产类别，将其划分给有关职能部门进行管理。例如林业企业的生产、动力及运输设备，由机电部门和生产部门管理；房屋、建筑物和管理用具，由行政部门和福利部门管理。各归口管理部门的主要职责是：对企业职工进行爱护集体财产教育。发动群众提出合理化建议；对分管的固定资产进行统一调配，办理内部转移、核定需要和清理报废等工作；制定固定资产的维护、保养和修理制度、编制修理计划并组织执行。

（2）固定资产的分级管理就是在各部门归口管理的基础上，按“谁使用谁管理”的原则，将固定资产分别落实到各级使用单位，由各级使用单位负责管理。要求各使用单位和个人，必须严格遵守固定资产的各项管理制度，以保证固定资产的安全完整，提高固定资产的利用率和完好率。

在固定资产分级归口管理的同时，建立固定资产归口分级管理责任制，在明确管理责任和权限的基础上，制定合理的考核指标和奖惩办法。对管理成绩突出的单位和个人，应按照考核指标给予奖励。对于使用不善、保管不当、利用效果较差的单位和个人除给予批评教育外，还要进行处罚。对使用保管中玩忽职守、造成重大损失的人员，必须依法追究责任。

企业财务部门是管理资产的综合部门，应全面组织企业各单位和部门对固定资产的保管和合理使用。企业财务部门的主要职责是：会同有关部门建立健全固定资产管理制度并组织执行；监督固定资产的调出、调入、报废清理和清查盘点；编好固定资产折旧计划，及时、足额地提取折旧；全面掌握固定资产的增减变动情况，并加以控制。

2. 做好固定资产管理的基础工作

企业做好固定资产管理基础工作包括：

（1）按固定资产目录分类、编号、设卡。企业使用的固定资产不仅种类多，而且数量大，必须对其按照固定资产目录进行分类，依顺序统一编号，做到设备定号，按物设卡，保管定人，以便查清责任。

（2）建立固定资产账目和卡片。为了详细反映固定资产的保管、使用情况，保证固定资产的增减记录准确及时，财务和有关保管、使用部门，都应建立相应的账目，彼此之间经常核对，以保证账实相符。固定资产卡片，应按每一固定资产分别设立，卡片上登记该项固定资产的详细情况，财务、管理部门和使用部门各保存一份，便于各部门掌握固定资产状态和数量。

（3）做好固定资产的维修，就是有效地进行固定资产的日常维护、保养和检查、修理等工作。在使用固定资产时，严格遵守操作规程，经常观察设备的使用和运转情况，按期维护保养，防止过早磨损和遭受不应有的损失。在日常维护、保养的基础上，做好设备检修，恢复设备的正常生产效能，提高设备的利用率。

（4）合理使用固定资产。在固定资产使用上，要根据生产任务、设备的性能及生产能力、操作人员的技术水平等因素确定固定资产的使用数量和使用时间，避免超负荷使用。

三、现代企业无形资产管理

（一）企业无形资产的特点

无形资产是指企业可长期使用并取得收益但没有实物形态的资产，包括专利权、商标权、著作权、土地使用权、非专利技术和商誉等。它代表企业所拥有的一种法定权和优先权，或企业所具有的高于一般水平的获利能力。“企业无形资产，具有明显的非实体性、长期获利性和专用性等等，是时代发展的今天显示企业实力和竞争力的非常明显的标志。”（张立明、于玲，2020）无形资产是一种特殊资产，具有如下特点：

第一，无实体性。无形资产不像机器、设备等固定资产那样具有一定的物质实体，而是以某种权利或特权的形式存在。实质上无形资产是一种观念上的资产。

第二，专有性，也称独占性。无形资产的使用权和所有权都具有排他性，为所有者所垄断，未经所有者许可他人不能取得和使用。

第三，不确定性是指无形资产在使用期限及在使用期间所能提供的未来经济效益具有很大的不确定性。因此，无形资产在进行管理时，难于计量其价值，也难于确定其投资回收期。所以，在实践中只有不断地研究无形资产的特征，加强管理，才能充分发挥无形资产的作用。

（二）企业各种无形资产

第一，专利权。专利权是国家专利机关根据发明人的申请，经法定程序确认后而给予发明者在一定年限内拥有制造、使用和出售等方面的一种权利。它包括发明专利权、实用型专利权和外观设计专利权。专利权是允许持有者独家使用或控制的特权。专利权未必能给持有者带来经济效益，所以企业不会将所拥有的一切专利权都予以资本化，只有那些能带来较大经济价值并且为此作了支出的专利，才作为无形资产管理。这种专利一般具有降低成本、提高产品质量、转让能获得收入的能力。

第二，商标权。商标权是指企业拥有的为标明某类商品或劳务而持续使用特定名称或图案的权利。经商标局核准注册的商标为注册商标，商标注册人享有商标专用权，受法律保护。企业自创商标并将其注册登记，所需费用一般不大，是否将其资本化并不重要，一般不作为无形资产计价入账。按《中华人民共和国商标法》规定，商标可以转让，但受让人应当保证使用该商标的产品质量。如果企业购入商标花费较大时，可以将其资本化，作为无形资产管理。

第三，著作权。著作权也称版权，是国家版权管理部门依法授予著作或文艺作品，作者于一定年限内发表、再版和发行的权利。这种专有权除法律另有规定外，未经著作人许可或转让，他人不得占有和使用。作者本人或授权人享有以合法形式利用作品而取得物质利益的权利，受法律保护。

第四，土地使用权。土地使用权是指土地经营者依法取得的土地在一定期限内进行建筑、生产或其他活动的权利。土地使用者只享有土地使用权，不享有土地所有权。土地使用权有三个基本特征：一是具有相对的独立性，即在土地使用权存续期间，其他任何人包括土地所有者，不得任意收回土地和非法干预使用权人的经营活动；二是使用内容的充分性，使用人在法定范围内有对土地实行占有、使用、收益和处理的权利；三是土地使用权是一种物权，即土地使用权所有者在其使用权受到侵害时，具有向有关部门提出保护的请求权。

第五，经营特许权。经营特许权是指经政府批准在一定区域内经营某种特定商标商品或劳务的专有权利，如政府授予石油、烟草等行业对其经营的商品享有独占的经营特许权。

第六，非专利技术。非专利技术即专有技术或技术秘密、技术诀窍，是指拥有者专有的、未申请专利因而不为外界所知，不享有法律保护的各种技术知识和经验，主要包括：一是工业专有技术，是指在生产上已采用，仅限少数人知道，不享有专利权或发明权的生产工艺或加工方法的技术知识；二是商业专有技术，是指具有保密性质的市场情报以及用户竞争对象的情况和有关知识；三是管理专有技术，即生产组织的经营方式、管理方法、培训职工方法等保密知识。非专利技术不受法律保护，因此，非专利技术依靠所有者自我保密的方式维护其独占权，可以用于转让和投资。

第七，商誉。商誉是指企业因所处地理位置优越、信誉卓著、经营出色、生产效率高、历史悠久、经验丰富、技术先进等原因，与同行业相比，可获取超额利润而形成的价值。商誉的存在，未必一定有为建立它而发生的成本，所以除企业合并、兼并外，商誉一般不得作价入账。

（三）企业无形资产的管理要求

无形资产是企业资产的重要组成部分，加强无形资产的管理，对保护无形资产的安全完整，充分发挥其潜在能力，不断提高经济效益具有重要意义，在具体管理时应遵循以下要求：

1. 正确评估无形资产的价值

企业对无形资产评估，实质上是以价值形式对无形资产进行的管理。鉴于无形资产的特殊性，企业在对无形资产进行评估时，必须坚持以成本计价为基础的原则，同时遵循效益计价、行业对比计价、技术寿命计价、合同随机计价等原则，划清无形资产的估价范围，采用科学合理的估价方法，对无形资产进行正确的评估，以维护无形资产所有者及购销双方的经济利益。

无形资产估价的依据如下：

（1）无形资产的取得方式、时间及成本。

（2）无形资产的使用期限及收益能力。

（3）无形资产在国内外发展及其被更新替代的速度。

（4）无形资产转让后，转让方失去的市场和损失的利润。

（5）无形资产承接方的吸收能力和承受能力。

（6）同行业中同类无形资产的计价标准和依据。

2. 按规定期限分期摊销已使用的无形资产

无形资产一经投入使用，其使用期限较长，所带来的经济效益也涉及多个生产经营周期。因此，按照收入和费用的配比原则，企业的无形资产价值应在其受益期内摊销，不能将无形资产全部成本一次计入当期费用。无形资产摊销期限，有的在法律上作了规定，有的在合同和协议中作了规定，企业必须按规定的摊销期限进行无形资产摊销。

3. 充分发挥无形资产的效能与效益

充分发挥无形资产的效能，提高无形资产利用效果，对于提高企业经济效益、增强市场竞争能力和获利能力都具有非常重要的作用。

因此，企业要提高对无形资产管理的认识，明确无形资产对企业成败的关系。积极创立和积累无形资产，重视发挥无形资产的作用，增强企业经济实力。管好现有的无形资产，保证企业无形资产的安全完整，充分发挥无形资产的效能。

第三节　现代企业资本与资金管理

一、现代企业资本成本与资本结构

（一）现代企业资本成本

1. 资本成本的组成

企业从事生产经营活动离不开资金，在市场经济条件下又不可能无偿使用资金。因此，企业除了必须节约使用资金外，还必须分析、把握各种来源的资金的使用代价。

资本成本又称资金成本，是企业为筹集和使用长期资金而付出的代价。资本成本包括资金筹集费和资金占用费两部分。

第一，资金筹集费是指企业为筹集资金而付出的代价。例如向银行支付的借款手续费，向证券承销商支付的发行股票债券的发行费等。筹资费用通常是在筹措资金时一次支付的，在用资过程中不再发生，可视为筹资总额的一项扣除。

第二，资金占用费主要包括资金时间价值和投资者要考虑的投资风险报酬两部分，如向银行借款所支付的利息，发放股票的股利等。资金占用费与筹资金额的大小、资金占用时间的长短有直接联系。

资本成本是在商品经济条件下，资金所有权与资金使用权分离的产物。资本成本是资金使用者向资金所有者转让资金使用权利的价值补偿。

资本成本与资金时间价值既有联系，又有区别。联系在于两者考查的对象都是资金；区别在于资本成本既包括资金时间价值，又包括投资风险价值。

资本成本是企业选择筹资来源和方式，拟订筹资方案的依据，也是评价投资项目可行性的衡量标准。资本成本可用绝对数表示，也可用相对数表示。资本成本用绝对数表示，即资本总成本，是筹资费用和用资费用之和。由于它不能反映用资多少，故较少使用。资本成本用相对数表示，即资本成本率，是资金占用费与筹资净额的比率，一般资本成本多指资本成本率。

企业以不同方式筹集的资金所付出的代价是不同的。企业总的资本成本是由各项个别资本成本及资金比重所决定的。因此，对资本成本的计算必须从个别资本成本开始。

2. 资本成本的作用

资本成本对于企业筹资及投资具有重要意义。

第一，资本成本是比较筹资方式、选择追加筹资方案的依据。这表现在：首先，个别资本成本是比较各种筹资方式的重要标准。企业可根据不同的长期资金来源的资本成本的高低，从中选择成本较低的筹资方式。其次，综合资本成本是企业进行资本结构决策的基本依据。企业的长期资金往往构成多种方式的筹资组合，在选择最佳筹资组合并决定企业资本结构时，最低的综合资本成本将成为决策的基本依据。最后，边际资本成本是企业追加筹资时的依据。企业通过对边际资本成本的计算，确定追加筹资的具体操作方案。

第二，资本成本是评价投资项目、比较投资方案和追加投资决策的主要经济标准。通常而言，项目的投资报酬率只有大于其资本成本，才是经济合理的，否则，投资项目就不可行。这表明，资本成本是项目投资的最低收益率，也是判断项目可行性的取舍标准。

第三，资本成本还可作为评价企业经营成果的依据。资本成本作为投资者的收益，需要通过对资本使用者所获收益的分割来实现。如果资本使用者不能满足投资者的收益要求，资本将退出原资本使用者的经营领域而重新寻找资本使用者。因此，资本成本在一定程度上成为判断企业经营业绩的重要依据。企业的资本收益率大于资本成本，表明企业经营状况良好，反之，将被认为是经营不善。

3. 资本成本分类

第一，个别资本成本。个别资本成本，是指各种筹资方式所筹资金的成本，主要分为债务资本成本和权益资本成本两大类。债务资本成本包括银行借款资本成本和债券资本成本。权益资本成本包括优先股资本成本、普通股资本成本和留存收益资本成本。

第二，综合资本成本。企业取得资金的渠道不尽相同，为保证企业有一个合理的资金来源结构，使各种资金保持合理的比率，就需要计算企业的综合资本成本。综合资本成本也称为加权平均资本成本，是以各种资金所占的比重为权数，对各种资金的成本进行加权平均得出的。

第三，边际资本成本。边际资本成本是指企业追加筹资时，资金增加一个单位而增加的成本。实际工作中，企业无法以某一固定的资本成本率来筹措无限的资金，当企业筹集的资金超过一定限度时，原来的资本成本率就会增加。确定不同追加筹资总额范围的关键是确定筹资总额分界点。企业追加筹资的金额一旦突破某一规模，资本成本率就开始变化，我们将这一点称为筹资总额分界点。

（二）现代企业资本结构

资本结构是指企业各种筹资方式的资金构成及其比例关系，它是企业筹资决策中的关键问题。最优的资本结构就是使企业综合资本成本最低、企业价值最大的资本结构。企业资金的来源多种多样，但整体包括权益资本和负债资本两个类别。资本结构问题主要是负债资本比率的问题。负债筹资具有两面性，既可以降低企业的资本成本，又会给企业带来财务风险。因此，在筹资决策时，企业必须权衡财务风险和资本成本的关系，确定最优的资本结构。

二、现代企业资金管理

（一）营运资金管理

营运资金管理是一个越来越受重视的领域。由于市场竞争加剧和经营环境动荡，营运资金管理对企业盈利能力以及生存能力的影响越来越大。财务经理将大部分时间用于营运资金管理，而不是长期决策。营运资金管理比较复杂，涉及企业的所有部门，尤其需要采购、生产、销售和信息处理等部门的配合与努力。

1. 营运资金的界定

营运资金又称营运资本，是指一个企业维持日常经营所需的资金，通常是流动资产减去流动负债后的差额。用公式表示为：营运资金总额 = 流动资产总额 - 流动负债总额。

营运资金的管理既包括流动资产的管理，也包括流动负债的管理。这里所说的流动资产是指可以在一年或者超过一年的一个营业周期内变现或耗用的资产，主要包括现金、有价证券、应收账款和存货等；流动负债是指将在一年或者超过一年的一个营业周期内必须清偿的债务，主要包括短期借款、应付账款、预收账款、应付费用等。

2. 营运资金的特点

（1）流动资产的特点。

第一，占用时间短。企业占用在流动资产上的资金，周转一次所需时间较短，通常会在一年或一个营业周期内收回，对企业的影响时间比较短。

第二，流动性强。有价证券、应收账款和存货等流动资产一般具有较强的变现能力，如果企业出现资金周转不灵，便可迅速变卖这些资产以获取现金，这对应付临时性资金需求有重要意义。

第三，具有波动性。占用在流动资产上的资金随着供产销的变化，时多时少，不断变化。

（2）流动负债的特点。

第一，筹资速度快。有些自发性负债，如应付账款、应付票据和预收账款等，是在经营过程中自然形成的，无须做正规安排，因此筹资速度很快。其他短期负债如短期借款，在较短时间内即可偿还，债权人顾虑较少，也容易取得。

第二，筹资成本低。债权人通常对短期借款的限制条件比较少，使企业筹集的资金较为灵活，筹资费用比较低。另外，短期负债的利率低于长期负债，使其占用成本也较低。

第三，风险大。短期债务的风险大于长期债务，这主要是因为短期债务的偿还期限较短，如果企业过多地筹措短期债务，当债务到期时，企业不得不在短期内筹措大量的资金偿债，容易导致企业资金紧张。此外，短期债务的利率随市场利率的变化而变化，有时会高于长期债务的利率。

第四，具有波动性。占用在流动资产上的资金并非一个常数，随着供产销的变化，其资金占用时高时低，波动很大。当流动资产数量发生变动时，流动负债的数量往往也会发生相应变动。

3. 营运资金管理的要求

营运资金的管理既要保证有足够的资金满足生产经营的需要，又要保证能按时按量偿还各种到期债务。企业营运资金管理的基本要求如下所述：

（1）合理确定并控制流动资金的需要量。企业流动资金的需要量取决于生产经营规模和流动资金的周转速度，同时也受市场及供产销情况的影响。企业应综合考虑各种因素，合理确定流动资金的需要量，既要保证企业经营的需要，又不能因安排过量而浪费。平时也应控制流动资金的占用，将其纳入计划预算的良性范围内。

（2）合理确定流动资金的来源构成。企业应选择合适的筹资渠道及方式，力求以最小的代价谋取最大的经济利益，并使筹资与日后的偿债能力等合理配合。

（3）加快资金周转，提高资金使用效益。当企业的经营规模一定时，流动资金周转的速度与流动资金需要量成反方向变化。企业应加强内部责任管理，适度加速存货周转、缩短应收账款的收款周期、延长应付账款的付款周期，以改进资金的利用效果。

（二）现金管理

1. 持有现金的动机

现金是可以立即投入流动的交换媒介，包括库存现金、银行存款和其他货币资金。它的首要特点是普遍的可接受性，即可以立即有效地用于购买商品、货物、劳务或偿还债务。因此，现金是企业中流动性最强的资产。

有价证券是企业现金的一种转换形式。有价证券变现能力强，可以随时兑换成现金。企业有多余现金时，常将现金兑换成有价证券。现金流出量大于流入量需要补充现金时，再出让有价证券换回现金。在这种情况下，有价证券就成了现金的替代品。

现金是流动性最强的资产，也是获利能力最低的资产，但企业仍须保留一定量的现金，主要出于以下动机：

（1）交易性动机。交易性动机是指满足日常业务的现金支付需要。企业经常得到收入，也经常发生支出，两者不可能同步同量。收入多于支出，形成现金置存；收入少于支出，需要借入现金。企业必须维持适当的现金余额，才能使业务活动正常地运转下去。

（2）预防性动机。预防性动机是指置存现金以防发生意外的支付。企业有时会出现意想不到的开支，如发生意外事故或遭遇自然灾害等都需要现金支持。现金流量的不确定性越大，预防性现金的数额就越大。此外，预防性现金数额还与企业的借款能力有关，如果企业能随时借到短期资金，也可以减少预防性现金的数额；若非如此，则应扩大预防性现金额。

（3）投机性动机。投机性动机是指为了抓住各种转瞬即逝的投资机会以从中获利而必须置存现金。比如，企业遇有廉价原材料供应的机会，便可用手头现金大量购入，或者在适当时机用现金购入价格有利的股票和其他有价证券从中获利等。当然，除了金融和投资公司外，其他企业专为投机性需求而特意置存现金的不多，遇到不寻常的购买机会，也常设法临时筹集资金。

2. 现金日常管理

（1）现金流量同步。如果企业能够尽量使其现金流入与现金流出发生的时间趋于一致，就可以使其所持有的交易性现金余额降到最低水平。

（2）使用现金浮游量。现金浮游量是指企业银行存款日记账上的余额和开户行账户上显示的存款余额的差额。这是因为从企业开出支票，受票人收到支票并存入银行，至银行将款项划出企业账户，中间需要一段时间。在这段时间里，尽管企业已经开出了支票，却仍可动用在活期存款账户上的这笔资金。不过，在使用现金浮游量的时候，一定要控制好使用时间，否则会发生银行存款的透支。

（3）加速收款。加速收款主要指缩短应收账款的时间。企业采用应收账款，可以吸引顾客，增加销售收入。但由此引发的应收账款会增加企业资金的占用，加大资金回笼的风险。因此，企业要实施妥善的收账政策，加快资金回收，保障资金安全。

（4）推迟付款。推迟付款是指企业在不影响自己信誉的前提下，尽可能地推迟应付款的支付期，充分利用供货方所提供的信用优惠。

（三）应收账款管理

1. 应收账款的作用

应收账款是企业因对外赊销产品、材料或赊供劳务等原因，应向购货单位或接受劳务的单位及其他单位收取的款项。在当代市场经济中，商业信用日趋增多，应收账款的数额也日趋增大，成为流动资产中的重要项目。

（1）增加销售。在市场经济条件下，商业竞争非常激烈。竞争的作用迫使企业以某种手段扩大销售。在产品质量、价格、售后服务、广告水平相似的情况下，赊销成了吸引客户的有效手段之一。因为由赊销引起的应收账款是一种商业信用，相当于向客户提供了一笔在一定期限内无偿使用的资金，客户可以从中得到好处，有利于销售增加。

（2）减少库存。赊销方式能增加销售，因此促成库存产成品存货的减少，使库存转化为应收账款。减少存货能降低仓储、保险等管理费用支出，还能减少存货变质等损失，有利于加速资金周转。

2. 信用政策

赊销的效果好坏依赖于企业的信用政策。信用政策包括信用标准、信用条件和收账政策。

（1）信用标准。信用标准是指客户获得本企业商业信用应具备的条件。如客户达不到信用标准，企业将不给予信用优惠，或只给较低的信用优惠。信用标准定得过高，会使销售减少并影响企业的市场竞争力。信用标准定得过低，则会增加坏账风险和收账费用。因此，信用标准对企业的财务安全产生重要影响。

企业在设定某一顾客的信用标准时，往往先评估它拖欠账款的可能性。这可以通过“5C”系统进行，所谓“5C”系统，即品质（Character）、能力（Capacity）、资本（Capital）、抵押（Collateral）和经济状况（Conditions）五个方面。

第一，品质。品质是指顾客的信誉，包括以往是否有故意拖欠账款和赖账的行为，是否有商业行为不端而受司法判处的前科，与其他供货企业的关系是否良好。

第二，能力。能力是指顾客的偿债能力，可通过分析客户的财务报表、资产与负债的比率、资产的变现能力等来作出判断。

第三，资本。资本是指顾客的经济实力和财务状况，表明顾客可能偿还债务的背景。

第四，抵押。抵押是指顾客拒付款项或无力支付款项时能被用作抵押的资产。这对于并不熟悉的顾客尤为重要，一旦收不到这些顾客的款项，便以抵押品抵补。如果这些顾客提供足够的抵押，则考虑向他们提供相应的信用。

第五，经济状况。经济状况是指影响顾客付款能力的经济环境。这需要了解顾客在过去困难时期的付款历史。

（2）信用条件。当企业根据信用标准决定给客户以信用优惠时，则需考虑具体的信用条件。信用条件包括信用期限、现金折扣等。

第一，信用期限。信用期限是指企业允许客户从购货到付款之间的时间间隔，或者说是企业给予顾客的付款期间。信用期限过短，不足以吸引顾客，不利于扩大销售；信用期限过长，会引起机会成本、收账费用和坏账损失的增加。因此，企业必须通过权衡应收账款的收益和成本来决定信用期的长短。

第二，现金折扣。现金折扣是企业对顾客在商品价格上所做的扣减。企业向顾客提供这种价格上的优惠，主要目的在于吸引顾客为享受优惠而提前付款，缩短企业的平均收账期。另外，现金折扣也能招揽一些视折扣为减价出售的顾客前来购货，借此扩大销量。企业采用哪种现金折扣，应当权衡考虑折扣所能带来的收益与成本，并结合信用期间一起抉择。

（3）收账政策。收账政策是指客户违反信用条件，拖欠甚至拒付账款时应采取的策略。

第一，企业应投入一定收账费用以减少坏账的发生。一般来说，随着收账费用的增加，坏账损失会逐渐减少，但收账费用不是越多越好，因为收账费用增加到一定数额后，坏账损失不再减少，这说明在市场经济条件下不可能绝对避免坏账。收账费用投入多少为宜，企业要在权衡增加的收账费用和减少的坏账损失后作出决定。

第二，企业对客户欠款的催收应做到有理、有利、有节。对超过信用期限不多的客户宜采用电话、传真等方式提醒对方付款。对久拖不还的欠款，应具体调查分析客户欠款不还的原因。例如，客户确因财务困难而无力支付，则应当与客户相互协商沟通，寻求解决问题的较理想办法，甚至对客户予以适当的帮助、进行债务重组等；再如，客户欠款属于故意赖账、品质恶劣，则应加大催账力度，直至诉诸法律，并将该客户从信用名单中剔除。

3. 应收账款的日常管理

应收账款是企业的一项重要流动资产，是企业促进销售的有力工具，但它本身蕴含着巨大的风险。因此，企业对应收账款必须加强日常管理，以便及时发现问题、解决问题。企业应收账款应从应收账款追踪分析和应收账款账龄分析两方面着手。

（1）应收账款追踪分析。评价一个客户能否按期还款，可以从品质、能力、资本、抵押和经济状况等方面进行评估，其中客户的品质和资本是在赊销之前就必须特别注意的问题，但在赊销之后，仍应进行追踪分析，因为这两个因素是随时可能发生变化的。至于还款能力、抵押情况和经济状况更容易受企业内部的经营情况和外部经济环境的影响，因此，企业应时刻关注客户的信用情况变化，以便及时调整收账政策。

当然，企业没有必要也没有能力对全部应收账款进行追踪分析，只要对那些交易金额较大或客户品质有疑问的应收账款进行追踪分析即可。

（2）应收账款账龄分析。企业已发生的应收账款时间有长有短，有的尚未超过收款期，有的则超过了收款期。一般来说，拖欠时间越长，款项收回的可能性越小，形成坏账的可能性越大。因此，企业可以按照账龄对应收账款进行评估，以此预计坏账损失并采取相应的收账政策。企业可以通过编制账龄分析表对应收账款进行监督。

通过账龄分析，企业应对不同拖欠时间的欠款制定不同的收账政策。对可能发生的坏账损失应提前做好准备，充分估计这一因素对损益的影响。也可以对现有的信用政策进行检查，一旦发现不完善之处，要尽快修正。

第四节　现代企业的利润分配管理

一、企业利润的形成及管理要求

企业生产经营活动的目的是实现盈利，取得最佳经济效益。在社会主义市场经济条件下，企业以利润为经营目的，这与社会主义生产目的是相一致的。利润管理是企业财务管理的一个重要方面。

（一）企业利润的形成

企业利润是企业在一定时期内的财务成果，是在保证企业资本金完整基础上实现的净收益。企业利润是在企业生产经营活动中各项收入和各项支出相抵后的余额。

企业利润总额包括销售利润（或营业利润）、投资净收益、营业外收支净额三部分。

销售利润（或营业利润）是企业生产经营活动的主要成果，是企业利润总额的主要组成部分。

投资净收益，是指投资收益与投资损失相抵后的净额。投资收益包括对外投资获得的利润、股利和债券利息、投资到期或中途转让取得款项高于账面价值的差额，以及按照权益法核算的股权投资在被投资单位增加的净资产中所拥有的金额。投资损失包括投资到期或者中途转让取得款项低于账面价值的差额，以及按照权益法核算的股权投资在被投资单位减少的净资产所分担的金额。

企业营业外收入和营业外支出，是指与企业生产经营活动无直接关系的各项收入和支出。营业外收入包括：固定资产的盘盈和出售的净收益，罚款收入，因债权人原因无法支付的应付款项，教育费附加返还款等。营业外支出包括：固定资产盘亏、报废、毁损和出售的净损失，非季节性和非修理期间的停工损失，职工子弟学校经费和技工学校经费，非常损失，公益救济性捐赠，赔偿金和违约金等。

（二）企业利润的意义及管理要求

1. 利润的意义

企业利润集中反映企业生产经营活动中所取得的最终财务成果，是企业职工为社会创造剩余产品的一部分。在市场经济条件下，企业在尽可能多地生产物质产品的同时，不断减少消耗，降低产品成本，创造更多利润。

（1）企业利润是保证社会正常活动的必要条件。在社会主义国家，为保证社会政治、经济、文化的稳定发展，除了有物质生产部门以外，还必须有非物质生产部门，这些部门的开支主要由国家财政拨款来满足。而国家的财政拨款是以税收为主要来源的，企业的利润则是国家税收的重要来源。所以，企业利润是保证社会正常活动的必要条件。

（2）企业利润是社会和企业扩大再生产资金的保证。社会扩大再生产要依靠物质生产部门的资金积累。企业扩大再生产所需要的资金，国家投资、银行贷款、引进外资、社会集资等应是主要来源。企业内部的积累、企业利润的提高便作为扩大再生产资金的保证。

（3）企业利润也是提高职工物质文化生活水平的主要资金来源。企业利润的增加，可以使国家和企业有较多的资金用于增加职工收入和举办集体福利事业，提高职工的物质文化生活水平。

可见，企业实现的利润越多，对社会的贡献就越大，企业自身的发展也就越快，同时职工也能获得更多的物质利益。

2. 企业利润管理的要求

（1）树立正确的盈利观念，不断提高盈利水平。企业要遵循国家的政策法规，合理进行生产经营，为社会提供合格的产品或劳务，并获得盈利。

（2）实行目标分管责任制，保证利润目标的实现。企业应以目标利润为核心，层层落实目标管理责任制，把企业的总体目标利润分解到各基层单位，做到目标明确，责任分明。企业的各项工作都要围绕目标利润进行，保证目标利润的实现。

（3）严格执行财政法规，正确分配企业利润。利润分配是一项政策性很强的工作，企业要严格按照国家有关财政法规进行核算和分配。任何单位或个人无权对企业的合法利润分配进行干涉或者变相侵占。企业有拒绝各种不合理摊派，保护自身合法权益的权利。

二、企业利润的日常管理及增加途径

利润形成的日常管理，可以从利润形成日常管理的方法和企业利润的增加途径两个方面概述。

（一）利润形成日常管理的方法

（1）目标利润系统控制法是将利润的事前、事中、事后管理和利润归口分级管理相结合的一种管理方法。其基本要求为：①编制利润计划，确定目标利润及为达到目标利润所采取的方法措施；②将利润指标分解落实到企业各部门、各基层单位，实行利润归口分级管理，分析指标要求，明确各部门、各级单位完成利润目标的职责，并采取相应的措施，确保利润的实现；③利润计划的执行在实施过程中及实施后，需要了解利润计划（目标）的执行和完成情况，要进行分析、考核和评价，揭示差异及形成差异的原因，及时采取相应措施，改进生产经营管理，不断提高企业盈利水平。

（2）利润分类控制法是按产品大类或生产项目控制利润实现的一种方法。其基本要求为：①按产品大类或生产项目核算企业生产经营利润；②定期检查、考核各项目利润的实现情况，不同产品、不同项目采取不同的控制措施，并针对生产经营过程中利润变化情况采取相应的控制措施；③对重点盈利产品、项目和亏损产品、项目进行控制。

（二）企业利润的增加途径

第一，增加产量，提高质量，开拓市场，扩大销售。在市场竞争日趋激烈的背景下，企业只有依靠增加销售量来增加销售收入。所以企业要努力挖掘生产潜力，提高劳动生产率和设备利用率，改进工艺技术，增加产品产量。同时还要大力提高产品质量，树立信誉，创立名牌，开拓市场，增加花样品种，满足不同层次的需要。随时把握市场动向，强化销售管理，拓宽促销手段，保持并扩大市场占有率。针对市场需要研制新产品，使产品不断升级换代，畅销不衰，增产增收。

第二，改善企业经营管理，降低生产经营成本。企业生产经营成本的高低是决定企业利润大小的关键。因而，企业必须积极采取各种措施，尽可能降低人力、物力、财力的耗费，通过不断降低成本获得较多利润。

第三，合理使用资金，加速资金周转。利润是企业资金运动的结果，资金运用合理与否，对企业利润水平高低产生直接影响。因而，企业必须设法加速资金周转，节约资金占用，用尽可能少的资金获得尽可能多的利润。

三、企业利润的预测和计划

对利润进行预测，制订利润计划，及时合理地对利润指标的完成情况进行考核、评价与分析，是企业利润管理的一项重要任务。

（一）企业利润预测

利润预测是指按照企业的经营目标，通过对影响利润变动的各项因素进行综合分析与评价，测算企业在未来时期可能达到的利润水平。企业利润预测主要是对企业产品销售利润的预测。产品利润的预测，可以采用利润率预测法和本量利预测法进行。

第一，利润率预测法是根据利润率指标来预测计划期产品销售利润的方法。该方法适用于产品销售结构简单、销售价格和销售成本比较稳定，即利润率变动不大的产品销售利润的预测。利润率指标有多种表现形式，如销售收入利润率、资产利润率、成本费用利润率和产值利润率等。

第二，本量利预测法是根据销售量、成本、利润三者之间的内在联系，在已知两个因素的条件下，推测另一个因素。既可用于产品销售利润的预测，又可用于产品销售收入和销售成本的预测。

（二）企业利润计划的编制

企业利润总额包括营业利润、投资净收益和营业外收支净额三部分，而作为主要部分的营业利润又包括产品销售利润和其他销售利润，因此，编制企业利润计划主要是确定企业计划期商品产品销售利润、其他销售利润、营业外收支净额、企业利润（或亏损）总额等。

第一，产品销售利润计划的编制。直接计算法是根据企业计划年度各种产品的计划销售收入、销售税金、销售成本和销售费用，直接计算每种产品的销售利润，然后汇总确定全部产品的计划销售利润；因素分析法是在上年度利润水平的基础上，考虑计划年度影响利润增减变化的各项因素（产量增减、成本升降、销售产品品种、价格和税率变动等）来计算企业计划年度产品销售利润的一种方法。该方法适用于产品品种繁多的企业。

第二，其他销售利润计划的编制。其他销售利润包括的内容较多，但数额不大，一般以上年实际利润为基础，通过考虑计划年度的变动因素来进行适当调整而定。

第三，营业外收支计划的编制。营业外收支计划数的确定，必须以财政规定的收支项目为标准，凡有收支标准的，可以事先预计项目计划分不同情况进行计算，有些项目可以参照上年实际收支水平加以确定。

第四，利润总额计划的编制。利润总额的计划数可按利润构成的公式直接计算：企业利润总额 = 业利润 + 投资净收益 + 营业外收支净额。

四、企业利润的分配与评价

（一）企业利润的分配

利润分配是指企业把一定时期实现的利润按照国家财务制度的规定，向国家、投资者和企业职工进行分配的过程。利润分配与国家、投资者、企业和个人的权益密切相关。

1. 企业利润分配的原则

企业利润分配分为两部分：一部分是缴纳所得税；另一部分是税后留利分配。因此，企业利润分配应考虑的原则包括：正确处理国家、企业、个人三者利益关系的原则；利润分配与企业经济效益、职工劳动成果相联系的原则；税后留利分配兼顾生产和生活需要的原则。

2. 企业利润分配的基本项目

（1）企业亏损及亏损弥补项目：企业亏损要严格划分政策性亏损和经营性亏损的界限。政策性亏损经财政部门核定实行定额补贴或亏损包干办法。经营性亏损原则上由企业自行解决。企业经营性亏损的弥补办法是：企业发生年度亏损，可以用下一年度的税前利润弥补；上一年度利润不足弥补的，可以在 5 年内用税前利润延续弥补。5 年内不足弥补的，用缴纳所得税后的利润弥补。

（2）利润总额调整项目：企业的利润总额按规定做相应调整后，依法缴纳所得税。这里讲的调整项目主要是指：所得税前弥补亏损；投资收益中已纳所得税的项目或按规定只需补缴所得税项目；会计收益和税收收益的差异。

（3）依法缴纳所得税项目：企业利润总额在调整后即为应纳税所得额，企业要依据应纳税所得额和所得税税率缴纳所得税。按我国目前的税法，企业实行的是统一的所得税税率，这样，可以促使不同所有制、不同规模的企业，在平等的税收条件下，公平竞争。

（4）税后利润序列分配项目：企业缴纳所得税后的利润，称为税后利润。税后利润一般按顺序分配：①弥补以前年度亏损；②提取法定公积金，法定盈余公积金按照税后利润扣除前两项后的 10% 提取；③提取公益金，公益金主要用于职工的集体福利，按规定比例提取；④向投资者分配利润。在完成这四项分配后，可根据投资者的投资比例分配利润。股份有限公司提取公益金以后，按照顺序分配：支付优先股股利；提取任意盈余公积金；支付普通股股利。

当年无利润时，不得分配股利。但在用盈余公积金弥补亏损后，经股东会特别决议，可以按照不超过股票面值 6% 的比率用盈余公积金分配股利，在分配股利后，企业法定盈余公积金不得低于注册资金的 25%。

3. 企业利润分配的控制

企业应严格遵守国家关于利润分配的规定，按规定顺序分配利润，首先弥补经营性亏损，然后及时足额地上缴所得税。企业在税后利润没有弥补完以前年度的亏损时，不能提取公积金和公益金。股份制企业在向投资者分配利润前，经董事会决定或按章程规定，可以提取任意公积金。提取任意公积金是为了控制向投资者的利润分配水平，以减少因各年利润分配水平不同而造成的波动，这样更有利于企业长期稳定发展。

企业当年没有盈利，不得向投资者分配利润。不能做超利润分配和超前分配，影响企业以后的发展。股份制企业当年无利润，原则上也不分配股利。但已用盈余公积金弥补亏损后，经股东大会通过，可以用不超过股票面值 6% 比率的盈余公积金分配股利，但分配后的盈余公积金不能低于注册资金的 25%。

（二）企业利润的评价

1. 企业利润的评价指标

企业利润的评价可以使用一系列评价指标来进行，通过评价可以发现企业利润管理方面的问题，以便及时采取措施加以解决，企业利润评价主要指标如下：

（1）利润总额是指企业在一定时期内实现的全部利润额，是反映企业生产经营活动最终财务成果的绝对数指标。

（2）利润率是一个相对数指标，利用它能在不同企业间进行比较。利润率指标包括：

第一，销售收入利润率是销售利润对销售收入的比率。销售收入利润率表明每元销售收入中包括的利润额，这说明企业单位销售收入获得利润的水平。

第二，成本费用利润率是企业销售利润对销售成本费用的比率。成本费用利润率表明单位成本费用所取得的利润大小。此指标能直接反映降低成本、节约费用的经济效果。企业在一定时期内的销售成本越低、费用越少，则利润越多，成本费用利润率就越高。运用这个指标，可以促进企业降低成本费用、增加利润。

第三，资本金利润率是企业销售利润对企业资本金的比率。资本金利润率表明企业投资者投入的资本金的获利能力，也表明企业负债资金成本的高低。企业资本金利润率越高，说明企业投入的资金越少，收益越高。但企业不能为了保持较高的资本金利润率的水平而盲目减少资本金的投入，借入大量的高息贷款，因为贷款的利息最终要冲减企业的利润。而低于企业资本金利润率的借款利率对适度负债的企业是有利的。资本金利润率可以促使企业合理使用资金，有效地利用适度负债来提高企业的盈利水平。

第四，普通股股利是股东最关心的利润率指标。

第五，人均利润率表现企业的利润总额和职工人数的比值。

2. 企业利润的评价方法

（1）简单对比法。

第一，利润总额对比。在对企业不同时期的利润总额进行对比分析时，如果企业的利润总额呈递增趋势，则说明企业不断发展，经济效益逐步提高，利润增长的同时经济效益越来越好。同行业企业之间利润总额比较，不但可以比较两者经济效益的差异，还可以反映企业的规模。但利润总额是个绝对数，指标的对比有很大的局限性，受地区、时间和企业规模等因素的影响，有时对比结果不能客观反映企业经营管理水平。

第二，利润率指标对比。利用利润率指标进行分析对比，可以客观地反映企业的经济效益水平。不同地区、不同历史时期、不同规模的利润率指标都有一定的可比性。利润率指标越高，说明企业的经济效益越好。

（2）综合对比评价法。对某项利润指标进行对比，只能反映企业利润构成的某一个方面。要对企业的经济效益作全面的分析、考核，还需要通过对各项利润指标进行全面的综合评价。各种利润指标之间都有内在的联系，单独依据某一项指标分析评价企业的经济效益会导致错误的结论。例如在对某一企业的利润指标进行对比分析中发现，除了利润总额这一项指标增长外，其余各项利润率指标都有不同程度的下降，这表明企业主要靠高投入取得经济效益，实际经济效益并不好；反之，如果对某一企业的利润指标进行分析对比时发现，除了利润总额这一项指标降低外，其余各项利润率指标都有所上升，这表明企业投入少，生产规模下降。一般来说，企业利润总额和利润率指标全面提高，生产与利润同步增长，才代表企业的经济效益上升。

在对各项利润率指标进行对比分析时，如果企业的销售收入利润率出现提高或降低现象，就要依次从成本费用利润率、人均利润率指标进行分析。首先从销售收入、成本费用、劳动力等因素与利润的关系中分析，找出影响利润提高的具体原因，然后有针对性地采取措施，确保企业利润的提高。资本金利润率、销售收入利润率、成本费用利润率这三项指标是我国财务制度规定总结和评价企业盈利能力的指标，是根据我国企业的实际情况，并借鉴国际通行评价企业指标体系设计的。这些指标既可以满足政府部门的需要，也可以满足投资者、债权人和企业经营者的需要。

企业可以根据具体情况，采用利润总额指标和销售收入利润率、成本费用利润率、资本金利润率、人均利润率等指标，评价和考核企业的经济效益，加强企业管理，提高经济效益。

第六章

现代企业财务管理的创新研究

第一节 基于技术创新的财务管理目标

一、企业技术创新财务管理的目标

（一）财务管理目标的作用

财务管理目标是在认真研究财务管理环境和已经确立的财务管理假设的基础上确定的，既对财务管理内容、财务管理原则、财务管理方法等基本理论问题起导向作用，也对财务管理的通用业务理论和特殊业务理论起导向作用。不同的财务管理目标必然产生不同的理论构成要素和理论逻辑层次关系。在财务管理理论结构中，财务管理目标具有承上启下的作用，它是根据财务管理环境确立的，同时又对财务管理基本理论和应用理论产生影响。“财务管理作为价值增值的主要手段，需要不断创新管理模式和管理思路，因此，如何开发和推行有效的财务管理创新机制就成为实践和理论界关注的焦点问题。”（张盛勇、许楠，2016）

（二）财务管理目标的特征

1. 可衡量性

可衡量性又称可测性，它要求选定的财务管理目标含义明确、易于理解，并通过一定的方法（定量或定性）加以判定。

财务管理是一种价值管理，其目标通过各单位的量化指标来表现。不能在实践中以切实可行的量化指标来表现的理财目标，企业管理人员实际上是不会接受的，因而不能起到很好的激励作用。如果目标过于模糊或无法判定，既不能用于考核财务活动的成果，更不能成为财务活动的指南，起不到考核作用。

2. 可控性

财务管理的目标应与企业的财务活动具有高度相关性，即企业通过自身的财务管理活动能够影响和控制财务管理目标实现的程度。如果财务管理目标的实现与企业财务管理活动无关，或主要不受财务管理活动的影响，财务管理目标对企业来说是无意义的。因此，具备可控性才能起导向作用和激励作用。

3. 层次性

层次性又称可分解性，财务管理目标之所以有层次性，是由企业财务管理内容和方法的多样性以及它们相互关系上的层次性决定的。它要求企业的财务管理目标按主要影响因素分解为不同层次的具体目标。这样企业才能与内部经济责任制相结合，分级归口落实到财务管理活动的不同环节和不同的部门、管理层次。它关系到目标的可操作性问题。目标具有层次性才能起激励作用和考核作用。

4. 统一性

统一性又可称为一致性，包括纵向统一性和横向统一性。

横向统一性是指所选取的财务管理目标要能体现财务管理的本质特征，反映不同企业财务管理的共性，便于在不同类企业中进行比较，才能更好地起到激励作用、考核作用。

纵向统一性是指财务管理目标与企业目标的统一性。合理的财务管理目标应能最大限度地实现企业目标，这是对财务管理目标最本质、最基本的要求。具备纵向统一性才能起导向作用和凝聚作用。

从企业目标与财务管理目标的关系上看：企业的最终目标是生存、发展、获利，而企业财务管理的目标目前尚无定论，但企业目标与财务管理目标的根本一致性，是公认的理论研究的前提。财务管理目标是为实现企业目标服务的，最优的财务管理目标应能最大限度地实现企业目标。财务管理目标与企业目标存在根本一致性，但又存在差别：财务管理目标作为企业目标的子目标，主要侧重于价值方面的管理。

从如何判定财务管理目标与企业目标是否一致上看，财务管理目标的实现应能最大限度地满足企业长期生存、发展、获利的需要。具体有三个方面：一是增加收益，即能够获得资源投入的增值，收益越大，越能实现企业的目标；二是降低风险，减少价值损失的风险，风险越小，企业的生存、发展越稳健，而减少价值损失本身也是一种收益；三是考虑收益的时间，由于货币时间价值的存在，任何资源都存在机会成本，要想减少机会成本损失，应同时提高潜在收益，即合理的财务管理目标应有助于企业实现收益最大、风险最小，并为企业长期的收益创造条件。

（三）财务管理与理财环境

财务管理的环境即理财环境，是指对企业财务活动产生影响作用的企业内外的各种因素，它是企业财务决策难以改变的客观约束条件。财务管理的目标，即理财目标，作为财务管理体系的一部分必然受理财环境的制约。财务管理目标表现在：第一，财务管理目标的实现，必须具备一定的环境条件；第二，财务管理目标要在实际工作中发挥作用，就要与理财环境相适应。

随着理财环境的变化，财务管理目标也要发生相应变化。同时，财务管理目标也会对理财环境产生反作用，合理的财务管理目标作为企业目标的子目标，不仅能引导企业做好财务管理工作，还能推动企业目标的实现，最终对理财环境产生影响。

二、构建企业技术创新财务管理目标的原则

（一）企业技术创新财务管理目标

第一，企业技术创新财务管理目标应当与企业的战略目标保持一致。由于财务管理是企业管理系统中的一个子系统，按照系统理论，子系统必须服从于系统的整体要求，否则就会失去其存在于系统中的基础。现代企业必须把实现可持续发展作为企业的战略管理目标，而技术创新是实现该战略目标的重要保证。因此，企业技术创新财务管理目标应当与企业管理的最高目标保持一致，以便通过开展财务活动和财务管理工作促进企业管理最高目标的实现。

第二，企业技术创新财务管理目标必须是战略性目标与战术性目标的有机结合。战略性目标注重企业的长远利益，谋求企业的长期稳定发展；战术性目标则强调企业的近期利益，关注企业既得利益的增长。长远利益与近期利益的对立统一性决定企业在很多情况下，为获得长远利益不得不放弃某些眼前利益，为实现企业的战略性目标必然进行战术的调整以至让步。

因此，企业技术创新财务管理目标如果不能体现企业的战略发展思想，必然导致财务管理以牺牲长远利益为代价换取眼前利益的短期化行为。反之，如果企业技术创新财务管理目标缺乏具体的战术经营要求，又会使目标成为空中楼阁，不利于企业审时度势，制定和实施不同时期的财务策略。

（二）企业技术创新财务管理目标的原则

1. 利益性原则

企业技术创新财务管理目标，必须是所有者利益与其他主体利益的最佳兼顾，特别是

知识资本所有者与财务资本所有者利益的兼顾。任何一个企业的生存与发展，都离不开各利益主体的支持和配合。因此，无论制定何种财务政策，都必须合理兼顾企业所有者利益与其他主体的利益，绝不能厚此薄彼，更不能顾此失彼。只有这样，才能正确处理各种经济关系，使财务分配政策保持动态平衡，获得各利益主体的信任与支持，保证企业的生产经营正常进行，实现持续稳定发展。任何忽视或损害某方利益的行为，都可能挫伤该方的积极性，使其对企业失去信任和支持，进而影响企业的生存，阻碍企业的发展。

2. 可控性原则

企业技术创新财务管理目标应该在企业管理者的可控范围。目标是指经过一定的努力可以达到的一种境界，因而实现目标的过程应当在管理者的可控范围内。换言之，管理人员的行为应当能够决定或影响这一目标的实现与否。如果规定的目标函数不可控，事实上就失去了目标函数在财务管理过程中的重要作用。

3. 竞争性原则

越来越多的企业家认为，公司的营业额、市场占有率、技术水平和客户需求的实现程度等因素所形成的综合竞争能力是决定企业成败的关键。缺乏竞争力的决策即使在短期内可获得可观的利润，但企业缺乏可持续的市场竞争能力，终究会失败。如果决策行为如技术创新追求的是竞争力，即使现在微利甚至有所亏损也要坚决执行，以有利于企业长期发展，并随着竞争力的加强，发展潜力会越来越大。因此，在进行技术创新决策时，企业财务管理工作必须保证其市场竞争能力的拓展。

4. 时期性原则

财务管理目标的时期性有两层含义：一是指企业必须确定与自身所处发展时期相适应的财务管理目标，二是指企业财务管理目标的实现具有阶段性。企业正是通过一个个阶段性目标的实现去趋近以至实现最终目标。

企业财务管理最终目标的实现是以企业财务管理各个阶段目标的顺次实现为前提和基础的。例如在企业初创阶段，由于受产品尚不成熟、技术尚不完善与市场比较狭小等诸多因素的限制，企业不可能把获取更多的利润作为首要目标，而通常把提高产品的市场占有率作为首要目标。尽管这些具体阶段的具体目标，同企业的总目标、最终目标存在差异，但这些差异并不是对总目标、最终目标的偏离，而恰恰是总目标、最终目标在特定阶段的特定表现，是总目标、最终目标得以实现必须历经的阶梯。

第二节 基于技术创新的绩效评价与激励

一、企业技术创新的绩效评价

（一）企业技术创新绩效评价的作用

技术创新绩效是企业绩效的一个组成部分，表示在一段经营期间的企业技术创新活动的效益及经营者的业绩。它用来衡量企业实施技术创新活动为企业带来的效益（主要在新开发的产品的收益中体现），包括经济效益、社会效益和科技效益等各方面的综合。企业技术创新绩效评价是对企业的创新效果和效率进行检验与测评。进行企业技术创新绩效评价的作用具体表现如下：

1. 有利于创新决策合理化

在企业决定是否要进行创新以及进行何种创新时，事前的创新绩效评估起着关键性作用，追求利益最大化的企业不会进行没有绩效或具有负绩效的创新活动，也不会挑选不能使其绩效最大化的创新方案，合理的创新绩效评估指标有利于作出合理化的创新决策。

2. 有利于减少创新的风险

技术创新是一项系统工程，涉及很多因素，因此其风险很大。但技术创新一旦成功，其收益也很高。合理的技术创新绩效评估指标综合考虑了收益和风险的匹配，其标准的制定体现了高风险、高报酬，从而有效降低了创新风险。

3. 有利于企业管理的要求

管理就是对特定活动进行组织、计划、控制和协调，技术创新管理就是对技术创新活动的各投入要素进行有效的协调和控制，以达到最佳效果，而控制需要有指定标准（也即指标），效果也是用指标来体现的，这就需要制订出合理的评价指标来判断技术创新活动的实施效果。合理的技术创新绩效评估指标有助于明确技术创新活动的责、权、利关系。

4. 有利于活跃企业的技术创新

技术创新的成功往往伴随着超额的垄断利润，对技术创新实施效果进行有效评价，可以为其他企业起到示范作用，促进其他企业的技术创新，这有利于企业在日益国际化、激烈化的市场竞争环境中获得长远发展。技术创新绩效评估作为创新效果的载体日益发挥着巨大作用。

5. 有利于正确度量创新实施效果

企业技术创新绩效评价是技术创新绩效评估指标的本质属性，该指标就是为了衡量创新活动的实施效果。经济效益是技术创新的出发点和归宿，也是检验技术创新实现与否和实现程度的基本准则。正如任何一项活动的实施效果都要用一定的指标来反映，企业技术创新活动的实施效果也要通过特定的指标——技术创新绩效指标来衡量。

（二）影响企业技术创新绩效的因素

1. 影响创新投入的因素

创新投入是指在创新活动整个过程中所投入的所有要素，包括资金、人员、物资、设备、信息和技术等。技术创新投入区别于其他要素投入的显著特点是其边际收益递增。从总体来看，我国企业目前的创新投入普遍不足，制约了创新绩效的发挥。

第一，从资金投入来看，我国企业技术创新的资金多来源于企业内部积累，风险投资体制不健全，技术创新资金缺乏。虽然我国与高技术产业开发有关的非银行金融机构不断增加，融资能力也不断提高，但科研单位和企业技术创新经费大部分仍须自筹。我国许多企业大部分工程技术人员都忙于日常生产性技术工作或传统学科的研究，而真正参加高技术开发和应用学科研究的人员极少。

第二，从技术投入来看，技术创新是指把技术这种要素引入生产体系，实现技术要素和其他要素的新组合，使得技术发明得到商业应用，其核心在于技术要素和其他要素的重组，直接关系的不是技术的获取，而是技术的应用，就反映国家技术创新水平的新技术对企业的渗透率来考察。

第三，从企业生产设备的技术水平来看，我国企业在创新活动中多用于购买成套设备，而科研机构在提供技术的同时，不能提供企业创新所需的配套成套设备。我国大部分企业由于基础薄弱，设备更新、技术改造频率显得相对滞后，技术开发费和折旧提取比例都在一个很低的水平，甚至一部分企业根本就不提取，也就难以涉及技术开发和创新，创新效率相对较低也就不足为怪。

第四，进行技术创新的信息不完善。企业技术创新的信息主要来自企业内部和产业界，而不是来自科学界。由于信息流通渠道不畅，信息不对称性加强，信息交易的风险性也随之加大且成本加大。

2. 影响创新产出的因素

创新产出是创新产品所实现的商业回报（或盈利）。创新的产出水平主要受创新产品影响。创新产品按其有无实物形态可划分为有形产品（如产品、工艺等）和无形产品（如专利、商誉、非专利技术等）。有形产品对创新产出的影响取决于其符合市场需要的程度、产品附加值的大小、技术创新的扩散速度和企业的营销策略；无形产品取决于科技成果的转化效率。而我国企业在创新产品的选择上缺乏科学评价，更没有庞大的市场调研机构与用户沟通，所生产的产品附加值低，常常与市场脱节，致使创新失败。

企业自主开发能力是基于长期的技术积累和学习而形成的，它是企业核心能力构成的关键所在，从根本上体现了企业技术能力的强弱。创新产品按其新颖度可划分为国际新、国内新、域内新三种，我国企业所开发的新产品大多数是国内新、省内新，是模仿或跟随技术领先者进行产品开发，自主开发能力较弱，这些都影响我国企业技术创新效益水平。

共同影响创新产出和投入的因素主要有创新策略、企业管理组织形式、政府政策和企业外部创新环境等。企业的创新策略有根本性创新、渐进性创新和跟随性创新。根本性创新投入多，收益也大；跟随性创新投入少，收益也少。我国企业目前主要采用后两种创新策略，而发达国家企业主要以第一种创新策略为主，这使得我国企业的创新效益远不如发达国家的企业。

企业组织能力的重要作用在于将企业的技术与生产技巧融入企业的核心能力中，从而使企业迅速把握外部机会。企业的组织管理在很大程度上决定着企业的创新绩效。我国的企业组织结构松散，管理混乱，约束力不强。另外，我国企业接受创新的观念较晚，在管理模式和组织结构的创新上仍处于摸索阶段，组织管理效率不高、拖拉冗杂，严重制约了其创新的有效性；政府政策对技术创新的影响主要反映在政府采购、财政资助、产业管制、知识产权保护和科技投入等方面。

企业技术创新行为绩效评价指标体系是一套能够充分体现企业发展过程的内在规律、具有一定的内在联系、相互补充、确保企业长远发展目标实现的指标群体。在这个指标群体中，设置哪些指标，如何设置，既关系到评价结果的科学性、准确性和实用性，更关系到企业发展方向的调整，直接影响企业技术创新的过程。因此，设计一套系统的评价指标体系，是正确评价企业技术创新绩效的前提和基础。

二、企业技术创新人员的激励措施

企业技术创新人员的全面报酬激励应从分析技术创新人员的心理期望入手，明确技术创新人员心理期望的全面报酬要素。同时，结合技术创新人员的独特性，有针对性地支付全面报酬，发挥全面报酬体系中无形要素的内在激励作用和有形要素的外在作用，从而达到有效激励的目的。对于企业技术创新人员，基于全面报酬体系的激励措施应包括以下方面：

（一）技术入股

技术入股是当今世界对科研人员最有效的激励方法之一。科研人员如果在公司有了自己的股份，就会将自己的利益与公司的利益紧密地联系在一起，主观能动性和创造性会进一步激发。

技术股是虚拟的企业内部股份，并不需要技术创新人员用现金购买，而是企业向骨干技术创新人员赠送的、解决其长期物质激励的有效方法之一。技术股将开发成果的部分所有权归属技术创新人员，它不同于普通股份，不可转让，技术创新人员在非正常情况下离开企业时，他所拥有的这部分所有权将自动转给企业。而且，只有在产品上市后技术股才能得到，对技术创新人员具有很大的约束作用。这种方法不仅能激励技术创新人员，而且可以抑制他们跳槽，降低研发风险。

我国有关法律规定工业产权、非专利技术等无形资产，在企业实收资本中的比例一般不超过 20%，有高科技成果鉴定的最高不超过 30%。目前一些城市和地区为鼓励高新产业的发展，对科研人员出台了更优惠的政策，取消了科技入股比例的上限。

（二）学习和培训机会

技术创新人员是依靠知识、技术及其创新成果来实现和提高自身价值的，所以，技术创新人员非常重视知识的应用与转化，对是否有机会获得知识的更新提高都非常重视。有关调查资料显示，技术创新人员最看重的六个因素依次是：工作兴趣、工作成就感、专业技能的培训、个人潜能的发挥、个人能力得到施展的程度、学习新知识。可见，技术创新人员较其他员工更看重企业提供的学习和培训机会。

（三）有竞争力的固定工资

企业技术创新人员的工作周期长，见效慢，因此，固定工资是其基本物质需求的保障。鉴于技术创新工作的特殊性和重要性，以及全球化竞争环境下技术创新人员的供求状况和重要程度，技术创新人员固定工资的竞争力应该从以下两个方面来考虑：

1. 外部竞争力

外部竞争力是指设计薪酬时一定要考虑行业市场、总体劳动力市场和国家经济发展状况，通常的方法是参加市场薪酬调查并了解本企业在市场上薪酬支付水平状况，即技术创新人员的固定工资水平由市场决定，制定时应以竞争对手的工资水平为参照。根据行业特点、企业自身的实力和市场因素来确定本企业技术创新人员的固定工资，使其最后确定的工资水平既符合企业的现状，且相对于同行业的竞争对手来说，也能起到吸引、保留和激励技术创新人员的作用。

2. 内部竞争力

众所周知，技术创新人员人力资本投入较高，不仅拥有雄厚的理论基础，还有丰富的实践经验，是其他员工难以替代的，因此，技术创新人员的固定工资一定要较大幅度地高于其他岗位的工资，在企业内部的不同职位之间，企业技术创新人员的固定工资水平处于优势地位，企业分配向技术创新人员倾斜，只有这样，才能体现出对知识和创新的尊重，使得技术创新人员感受到自身被企业器重，也只有这样，企业才能吸引和留住技术创新人员。

（四）公平性的浮动工资

企业技术创新人员的知识、能力具有价值增值作用，所以企业对其支付的报酬，不能单纯以固定的模式支付，而应把它与知识、能力挂钩，最大限度地激发他们的积极性、主动性、创造性。因此，除固定工资外，技术创新人员所注重的薪酬中还有一部分是浮动工资，且更多关注的是浮动工资的发放公平性，浮动工资的发放应根据其能力和业绩大小来确定。

第三节　现代企业财务管理的信息化策略

一、集团企业财务管理信息化的作用

第一，提高集团企业财务管理数据处理的时效性和准确性，提高集团企业财务管理的水平和质量，减轻集团企业财务管理有关人员从事资金管理、战略管理、全面预算、报表合并等工作的劳动强度。

第二，提高集团企业财务管理和控制的作用，使集团企业财务管理由事后的分析、管理转向事前预测、计划，事中控制、监督，事后分析、评价的一种全新的管理和控制模式，以增加集团企业财务管理信息的使用价值，提高集团企业财务管理控制和决策水平。

第三，推动集团企业财务管理方式、理论创新和观念更新，促进集团企业财务管理工作进一步发展。

二、集团企业财务管理信息化的原则

（一）整体规划原则

财务管理信息化规划是集团企业信息化战略规划的一部分，要与集团企业未来的业务发展和管理发展充分结合。集团企业信息规划的整体性包括三方面因素：集团企业信息化的内容覆盖了集团企业各项经营活动的信息处理；集团企业信息化建设不是孤立地进行单项计算机应用，在选用技术时应有全盘考虑，力求信息集成与过程集成，以获得综合效益；在全球化市场中必须同需方和供方密切相连，供货商和用户的信息要纳入集团企业信息化管理的范畴。

（二）客观性需求原则

财务管理信息化规划要适合集团企业的发展规模，不同的集团企业规模在信息化规

划时有不同的要求。在规划时一定要从集团企业的实际出发，结合集团企业现有的流程处理和业务需要，制定出适合集团企业发展的信息化规划，而不是一味追求先进技术和最新版本。

（三）阶段性与扩展性相结合原则

分阶段选择实施财务信息系统的不同子系统，要认真分析集团企业的战略与信息技术支撑之间的影响度，合理预测环境变化可能给集团企业战略带来的偏移。此外，在做财务管理信息化规划时要留有适当余地，不能追求大而全。能适应信息技术的快速发展，适应集团企业管理与业务模式的不断变化。财务管理信息化规划不应成为集团企业信息化的桎梏，而应根据变化进行调整和完善。例如，某集团提出的财务管理信息化三步走战略规划是：第一阶段，实现集团财务信息、统计信息和管理信息的快速反应；第二阶段，实现成员集团企业的业务重组及与集团财务系统的合理整合；第三阶段，规划实施成员集团企业与集团财务信息一体化。

三、集团企业财务管理信息化的方法

第一，树立集团企业绩效管理的核心思想。集团企业财务管理信息化应以企业绩效管理为核心思想，在传统财务管理基础上，提供一套衡量集团企业绩效的工具和方法，全面分析集团业务，完善管理绩效目标，帮助集团企业建立快速、持续和健康成长的集团财务管理体系。

第二，集团企业要建立符合集团企业财务管理信息化的应用架构。集团企业财务管理信息化应当面向集团企业财务管理人员，对集团财务进行全面管理，在满足财务基础核算的基础上，实现集团层面的集团账务集中管理、全面预算管理、资金管理、财务报告的全面统一，促进企业财务管理从会计核算型向经营决策型转变，最终实现企业价值最大化。

第三，集团企业要建立严格、规范、统一的财务核算体系。集团企业内各成员企业往往是跨地域甚至是跨国经营的，如何满足既在业务处理现场提供系统的及时响应，又在集团总部可实时获取信息，是任何一个集团企业在开展信息化时必须解决或者努力解决的问题。建立严格、规范、统一及符合会计准则要求的财务核算体系成为集团企业财务管理的基础。集团企业财务管理信息化要求集团企业建立账务集中管理平台，要充分考虑集团企业内部管理的复杂性，对其财务管理的集权分权程度加以权衡，统一下属企业的做账制度、完成集团账务数据的合并。

第四，集团企业要建立标准的全面预算指标体系和控制体系，进行全面预算管理。全面预算管理是集团企业进行内部资源配置和流程优化、提升效率的有效管理手段。集团企业要建立标准的全面预算指标体系和控制体系，同时借助新会计准则的实施，完善自身的内部控制、业务流程，合理配置资源，全面提升集团企业绩效。要完善集团企业全面预算管理解决方案。集团企业全面预算管理解决方案应帮助集团企业建立起包括预算编制、执行、考核、分析在内的完整高效的预算管理平台。

四、集团企业财务管理信息化的实施步骤

第一，项目组织和系统培训。软件企业组成实施顾问小组，对集团企业相关人员进行集中培训，为下一步工作的实施奠定坚实的基础。

第二，本地公司财务系统实施。系统和网络平台的搭建是成功实施的基础。在信息中心的大力配合下，对具备条件的单位进行联网，对不具备条件的单位，集中在集团公司提供的办公地点进行系统初始化。在硬件设备提供商的配合下完成服务器的安装，并完成服务器维护培训。客户端的安装则是一个浩大的工程，集团企业计算机数量大，实施顾问小组要针对集团企业的实际情况，制订详细的安装步骤和要点，在系统管理员和信息中心的配合下，尽快完成客户端的安装。对不符合安装条件的机器做记录，并采取相关措施予以解决。

第三，集团结算中心实施。集团企业结算中心实施工作开始启动后，要经过业务调研、需求界定、功能培训、原型测试、试运行、系统切换等阶段。正式甩掉旧结算中心系统，要进行试运行，保证运行结果正确，系统稳定。

第四，异地子公司实施。总部成功实施以后，接下来是异地子公司的实施。双方项目组制订统一的实施方案和实施计划，通过集团企业总部财务部下发全国各子公司，由项目实施顾问小组对各分公司提供指导和支持。

任何系统都需要不断地优化和完善。一旦集团企业决定全面升级财务系统，首先应对本地公司进行升级，对升级过程中出现的错误要及时修正。然后升级集团企业异地分公司的软件，并作详细的计划安排。

五、集团企业财务管理信息系统的风险管理

（一）信息系统风险管理的原则

1. 信息系统分步骤开发原则

信息系统遵循软件工程的理念和方法学，把系统的开发分为系统分析、设计、运行等阶段，每一个阶段都有对应的目标和任务。风险贯穿于集团企业财务管理信息系统的分析、设计、实施、运行、维护与管理全过程中，导致预期目标和实际目标的差异，无法实现预期目标。为了保证实现信息系统的风险管理目标，就需要对实施信息系统各阶段进行风险管理。所以企业在进行风险分析时要遵循信息系统的开发步骤原则。

2. 遵循风险管理的程序原则

信息系统风险也是风险，企业必须遵循风险管理的程序原则。风险管理包括风险识别、风险评估、风险控制、风险监督和风险管理。

风险识别就是在明确风险管理目标的前提下确认必定会带来不利影响的因素，从而及时判别企业有可能面临的风险，区分风险和机会。

风险评估包括风险分析、风险估计和风险评价三个方面，风险分析是用定性或定量相结合的方法对企业可能遇到的各种类型的风险损失的原因及损失后果进行分析评定的过程；风险估计是风险的量化过程，它依据风险分析的信息，利用概率统计方法把损失发生的可能性与可能产生的损失程度用数据表示的过程；风险评价是风险管理人员依据风险的来源及风险估计值，确定各风险重要性的过程。

风险控制就是在明确组织风险容忍度的基础上对各种风险采取不同策略和措施，从而消除或降低风险损失，确保企业实现经营目标的过程。

风险监督就是对已经掌控的风险控制情况进行监督监测，同时发现新的潜在风险的过程。

风险管理首先要估计风险的严重程度，评估风险发生的可能性（或频率）；然后考虑如何管理风险，也即评估应采取什么样的行动。

（二）信息系统风险管理的重要性

随着企业信息化和财务管理信息化程度的提高，企业对信息系统的依赖性日渐加深，与信息系统的安全性、可靠性相关的信息和信息系统风险日益增长。不加控制的会计信息系统可能会产生的后果是：会计信息很容易被毁损、失窃和失真而导致不正确的决策，信息系统也会产生非法访问、未经授权拷贝、黑客闯入和病毒侵入等违规使用，从而使信息系统受到严重损害。这些不仅会影响对信息技术使用的质量、效果，同时也会影响会计人员使用信息技术的信心和信息化的深入发展。由于风险的客观性、不确定性和集团企业财务管理信息系统的复杂性，使集团企业财务管理信息系统存在许多风险，所以风险管理成为集团企业财务管理信息系统有效、高效、安全、可靠运行的重点工作之一。

第四节　现代企业财务管理制度的影响与创新

一、企业财务制度的影响

（一）外部制度环境及其对财务管理的影响

由于体制原因，我国企业面临的生存环境（即外部制度环境）与国有企业存在很大差别，这种差别导致企业财务管理环境恶劣。例如草根经济的身份使它们在政策、法律与资金方面都不能像国有企业那样获得国家的有力支持，它们只能完全依靠自身的拼搏和资本积累来发展。严酷的生存环境使得企业的交易成本增加，加大了企业经营的系统风险。“在企业现代化体系建设中，财务管理制度无疑是该体系的重要内容，对企业发展起着至关重要的作用。尤其是在新常态经济时期下，企业想要实现科学持续发展，就必须构建完整有效的现代化财务制度，为企业日常经营活动提供坚实的财务保障。”（谭燕红，2021）

（二）内部制度结构及其对财务管理的影响

第一，企业组织制度下的财务管理特征。与西方国家相比，中国企业是在特定历史条件下产生和发展起来的，这使得企业表现出高度的非正规性，企业产权、所有权结构、公司的管理机制、财务记录、市场准入极不清晰。一方面，企业的非正规性使得企业家们可以非常灵活地对变化迅速的政府政策、税收和规章制度所造成的不确定状况做出反应；另一方面，企业的这种非正规性又限制了企业融资及高效率运作企业的能力，再加上各种要素市场的不发达和不完善，如缺乏完善的融资体系和经理人市场，即使是大型的、成熟的企业也摆脱不了小企业不规范运作的特点。

第二，企业产权制度下的财务管理特征。产权制度是市场经济的基本制度，是以产权为依托，对财产关系进行合理有效的组合、调节的制度。新制度经济学理论认为，一个国家经济增长依赖于一个有效率的财产制度。产权制度具有界定和规范财产关系的作用：明晰的产权制度能够增进资源配置效益，形成稳定的效益；完善的产权制度，有利于激发产权主体的积极性。在企业发展早期，许多企业主认为企业财产是私人财产，民营经济不同于国有和集体经济，不存在产权问题。但是，随着企业的进一步发展，在企业内部出现了种种纠纷甚至冲突，产权问题成为阻碍企业发展壮大的现实问题。

二、企业财务制度的创新

（一）企业财务制度创新的基本原则

第一，合法性原则。知识经济时代的市场经济将更加规范化。从一定意义上说，市场经济就是法治经济。建立一套更加科学、严密、完整的经济法规体系，不仅是现代市场经济朝着规范化方向发展的内在要求，也是知识经济健康发展的基本保证。所以，创新企业财务管理制度必须遵守国家有关法规，以确保国家有关法规在企业有效实施，这不仅是国家宏观经济管理的需要，也是企业自身管理的需要。

第二，适应市场原则。知识经济时代的市场经济更加现代化。在现代市场经济中，企业是十分重要的市场主体，其一切经济活动均受到市场机制的支配。例如经营要素从市场上取得，经营活动要积极主动地去适应市场供求关系的变化，经营成果要通过市场交换。由于知识经济时代计算机及通信技术的发展，以及经济关系的货币化趋势，金融手段全面介入社会经济活动。金融活动引导着商品交换和生产要素重组，从而使企业的财务管理活动从企业内部扩展到企业外部，并成为联结企业与市场的桥梁与纽带。

第三，实用性原则。企业内部财务管理制度是企业内部控制制度的重要组成部分。知识经济时代，为了在激烈的市场竞争中维持企业的生存和发展，企业必须更加注重自身的个性特点，从而使得不同企业在生产规模、经营方式、组织结构以及管理方式、方法等方面有自身的特点。另外，激烈的市场竞争也使得企业所处的外部环境千变万化。所以，企业财务管理制度的创新必须充分考虑生产经营的特点和管理的需要，以提高其实用性和可操作性。

（二）企业财务制度创新的基本思路

一般认为，企业制度特征主要表现为内生性、渐进性和不可逆性。内生性表现为：企业制度创新主要依赖于企业内部的创新。渐进性表现为：一方面，制度就其本性而言是难以发生突变的，另一方面，人对于新制度需要一个适应的过程。不可逆性是指由于时间的不可逆性，在制度变迁过程中无论其产生、演进、创新或是消亡都是不可逆的。

任何一个时期的财务制度创新都是与企业当时所处的环境背景相联系的，都是为了满足在特定的历史背景下企业的特定需要。我国企业是在中国特定的政治、经济和社会的时代背景下诞生的，在其发展进程中，国家宏观经济政策等外在因素对企业的制度选择产生了巨大的作用和影响。因此，企业财务制度创新必须坚持“以外为先、以内为主、内外结合”的原则。

（1）营造一流的外部财务制度环境。企业外部财务制度环境的创新关键在于各级政府是否作为。基于企业期盼着一种更加完善、更加和谐的管理模式，呼唤着一个更加公平、更加合理、更加开明的制度环境。政府应该适当放权，通过强化服务、弱化管理来转变职能，重新调整利益结构，进一步加大对政府权力的管理和约束，有效化解阻碍企业发展的制度安排，促进企业的持续健康发展。可以通过以下方面践行：

首先，加强对民营经济的法律保护。私有财产保护不完善，束缚了民间投资者和经营者放开、放心发展的手脚。为了促进民营经济发展，需要有三方面的法律保障：一是规范市场主体行为的法律，如《中华人民共和国公司法》《中华人民共和国商业银行法》等；二是规范市场基本关系的法律，如《中华人民共和国合同法》《中华人民共和国信托法》等；三是规范市场竞争秩序的法律，如《中华人民共和国反垄断法》《中华人民共和国反不正当竞争法》《中华人民共和国反倾销法》等。要不断完善法律、法规，建立一套不分所有制的权益保护制度，为民营经济发展创造良好的法治环境；要支持企业技术创新、产业升级，积极引导企业投资的战略方向，帮助企业做大、做强、做精。

其次，放宽对企业的市场准入限制。目前，民营企业能够进入的产业范围大多局限在技术含量较低的传统劳动密集型产业，如纺织、服装、加工、餐饮等，而在基础设施、市政工程项目、基础产业等都还有一定的准入限制。在一些行业，如重工业和化工行业，尽管市场准入已经放开，但企业的生产经营依然受到不少限制，且往往成为宏观调控的重点目标。就某种程度而言，企业能获准参加的业务，不但与国企无法比，有的可能还不如外企。减少对民营经济市场准入的限制，降低市场准入资金要求，扩大投资人的自主选择权，为民营经济创造良好的市场竞争环境，是企业对制度环境的殷切期盼。

再次，进一步实现发展空间上的新突破。从经济持续发展的长远考虑，政府应逐步拆除影响企业发展空间的“制度壁垒”，给予民营企业同等的“国民待遇”。政府部门要正视各种“潜规则”对企业发展的限制，应该为企业专门设计适合它们发展的推动帮扶机制。对于政府层面的推动和帮扶，我国企业以前实际享受不多，需求是十分迫切的。

最后，加大扶持力度，缓解企业资金压力。对众多中小企业而言，目前的金融支持还不充分，其资金仍主要来源于自筹，或民间金融、地下金融等渠道。所以，建立和完善适合企业特点的贷款审批制度，在保证贷款质量、严格控制风险的前提下，简化贷款手续，减少审批环节，放宽贷款条件，合理确定贷款额度和贷款期限，调低企业授信准入门槛，有利于缓解企业资金压力。

（2）建立有效的内部财务制度规范。就自身建设而言，企业应减少对企业外部制度的依赖，努力通过企业内部制度构建与创新，提升核心竞争力。

首先，建立良好的企业组织结构。企业组织结构是提供规划、执行、控制和监督活动的框架。完善的组织结构以执行工作计划为使命，并具有合理科学的职位层次、流畅的信息沟通渠道、协调的时间效率和愉快的合作关系。一个良好的企业组织结构，可以清晰界定责、权、利，从而强化和形成内部制度环境。

其次，加强以产权制度创新为核心的企业治理。一是明晰企业产权。产权是企业治理的核心和主要内容。通过建立归属清晰、权责明确、保护严格、流转顺畅的现代产权制度，明确产权的权利主体和责任主体，保护私有财产权，促进民营经济发展。二是严格保护产权。由于产权不是公共品，具有排他性，因此，产权明晰后，必须严格保护产权。三是确保产权流动自由。产权主体拥有产权的目的是要其保值增值，而产权只有在流动中才能实现保值增值。因此，企业只有保证产权自由流动，才能真正实现产权的保值增值。

再次，建立和完善各项财务管理制度。例如建立财务决策制度，明确决策规则、程序、权限和责任等；建立财务决策回避制度，应当对投资者、经营者个人与企业利益有冲突的财务决策事项，相关投资者、经营者回避；建立财务风险管理制度，明确经营者、投资者及其他相关人员的管理权限和责任，按照风险与收益均衡、不相容职务分离等原则，控制财务风险；建立财务预算管理制度，以现金流为核心，按照实现企业价值最大化等财务目标的要求，对资金筹集、资产营运、成本控制、收益分配、重组清算等财务活动实施全面预算管理。

最后，建立和完善经营者激励约束机制。在企业内部控制系统运行中，经营者的作用举足轻重，经营者的素质不仅直接影响企业的决策，而且影响企业内部控制的效率和效果。企业要建立完善的内部控制系统并使之真正发挥应有的作用，必须提高经营者的综合素质。为此，一要建立一个成熟、合理的经营者人才管理信息库；二要建立一种约束激励的控制方式，形成一个约束、监督与激励企业经营者的外部机制，来规范经营者的行为；三要从法律法规或制度方面完善内部控制工作，并采取相应的惩罚性措施。

参考文献

[1]陈可喜.财务风险与内部控制[M].上海:立信会计出版社,2012.

[2]陈运涛.企业财务风险传导机制及控制分析[J].中国市场,2017(25):195,197.

[3]陈志斌,曹佳敏,王诗雨.论企业财务风险的产业效应[J].财会月刊,2019(18):3-9.

[4]崔静.企业财务风险管理研究[J].商业时代,2011(11):77-78.

[5]邓家姝.企业财务风险探析[J].甘肃行政学院学报,2001(4):41-42.

[6]方伟.企业财务风险及防范[J].华东经济管理,2004,18(6):214-215.

[7]胡波.高新技术企业无形资产核算管理探析[J].投资与创业,2021,32(15):178-180.

[8]胡翠萍.企业财务风险传导机理研究[M].武汉:武汉大学出版社,2016.

[9]胡垷.浅谈企业财务风险管理[J].商场现代化,2016(10):155.

[10]李百兴.试论企业财务风险[J].财会月刊(综合版),2008(4):12-13.

[11]李斌.企业财务风险传导机理及控制[J].改革与开放,2017(12):123,125.

[12]李秉祥,田战军,张勇.企业财务风险生成和传导机理分析[J].上海立信会计学院学报,2006,20(4):60-65.

[13]李建浩.企业财务风险传导机理及控制研究[J].企业改革与管理,2018(5):111-112.

[14]李军.论财务管理环境[J].江西社会科学,2001(7):169-171.

[15]李梦.中小企业筹资管理现状及建议[J].财经界,2020(14):16-17.

[16]李延明,杨振勇.关于企业财务风险管理[J].山东社会科学,2002(2):152-155.

[17]李蕴慧.物流企业财务风险及对策探析[J].物流技术,2013,32(5):88-89,160.

[18]刘春萍.企业财务风险的成因、种类及防范对策[J].中国乡镇企业会计,2008（8）:111-112.

[19]刘素丽.基于企业财务风险管控的思考[J].中国商论,2018（1）:103-104.

[20]龙佺.浅议企业财务风险控制[J].中国商贸,2014（36）:201-203.

[21]马艳兰.现代企业财务管理风险识别和措施[J].财会学习,2022（16）:37-39.

[22]尚秋婷.企业财务风险管理与控制策略[J].中国商论,2020（16）:136-137.

[23]盛蕾.基于风险传导机理的企业集团财务风险管控研究[J].商业会计,2016（13）:94-97.

[24]史文红.企业财务风险传导机理分析[J].中国经贸导刊,2015（17）:55-56.

[25]孙美娇.企业无形资产运营管理模式创新研究[J].老字号品牌营销,2020（12）:86-87.

[26]谭燕红.企业财务制度构建的优化策略[J].财经界,2021（23）:127-128.

[27]王国富.企业文化在企业管理中的作用分析[J].现代商业,2022（6）:158.

[28]王逸远.供应链导向下企业财务风险传导机制问题研究[J].会计之友,2013（3）:38-40.

[29]吴继良.企业筹资管理中存在的问题及对策浅探[J].现代交际,2018（22）:120-121.

[30]吴双伶.内部银行模式下优化资金管理的研究探讨[J].当代会计,2019（19）:38-39.

[31]吴雪颖.我国中小企业无形资产管理存在的问题及对策[J].现代营销（下旬刊）,2019（3）:150-151.

[32]徐晓莉.企业财务风险管控体系建立[M].昆明:云南大学出版社,2010.

[33]徐莹.企业筹资管理相关问题的思考[J].商场现代化,2016（23）:242-243.

[34]杨军,赵继新,李宇航.多元化经营战略对企业财务风险的影响研究[J].财会通讯,2020（14）:78-81.

[35]叶建木.企业财务风险传导路径及传导效应[J].财会月刊（综合版）,2009（1）:88-89.

[36]张继德.企业财务风险管理[M].北京:经济科学出版社,2015.

[37]张立明,于玲.企业无形资产管理的建立与完善关键探索[J].现代营销（经营版）,2020（10）:82-83.

[38]张盛勇,许楠.企业财务管理创新影响因素研究[J].财经问题研究,2016

（3）:104-110.

[39]赵小平.浅议企业财务风险管理[J].中国商论,2017（35）:108-109.

[40]周曙光,王诗雨.企业财务风险与产业结构调整的循证决策研究[J].中国软科学,2022（2）:174-183.

[41]朱林.企业筹资管理的问题及对策[J].现代商贸工业,2018,39（18）:133-134.